NESINE
.COM

ARDA • SAHANIN YILDIZLARI
Onur Özgen

Yayın Yönetmeni: Köksal Şaka
Yayın Koordinatörü: Sibel Erdal
Editör: Bilge Yorulmaz
Grafik-Kapak Tasarım: Gökhan Ünlü

ISBN: 978-625-6588-03-5
Yayınevi Sertifika No: 45006

1. Baskı: Ekim 2023
2. Baskı: Kasım 2023
3. Baskı: Aralık 2023

Baskı: İmak Ofset
Esenyurt/İstanbul
Tel: 444 62 18
Matbaa Sertifika No: 71320

PARODİ YAYINLARI
Route İstanbul A-Blok No: 6/15
Bakırköy / İSTANBUL
Tel: 0212 244 05 77
www.parodi.com.tr / info@parodiyayinlari.com
Parodi Yayınları, Mono Kültür Sanat tescilli markasıdır.

ARDA

Onur Özgen

Kurgusal bir biyografidir.

ONUR ÖZGEN

1989, İzmir doğumlu. İstanbul Üniversitesi İletişim Fakültesi'nde okudu. Gazetecilik hayatına 2008 yılında başladı. Sırasıyla Campaign Türkiye, FourFourTwo Türkiye, GOAL Türkiye ve Mackolik'te içerik editörlüğü ve yazarlık yaptı. Son olarak GOAL Türkiye'de yazı işleri müdürlüğü görevini üstlendi. Şu anda Gazete Duvar ve Socrates Dergi'de futbol yazarlığı yapıyor. Ayvalık'ta yaşıyor.

ARDA GÜLER'İN KİMLİĞİ

Adı: Arda Güler

Doğum Tarihi: 25 Şubat 2005

Doğum Yeri: Ankara / Türkiye

Boyu: 1,75 m

Mevki: On Numara

Millî Takımı: Türkiye

Oynadığı Kulüpler: Gençlerbirliği, Fenerbahçe

Güncel Kulübü: Real Madrid

İÇİNDEKİLER

I

İLK GOL

Haziran 2023,
Samsun 19 Mayıs Stadyumu, Samsun, Türkiye
Avrupa Şampiyonası Elemeleri, Türkiye-Galler

Üç gün önceki Letonya deplasmanında ilk defa A Millî Takım formasıyla ilk 11'de sahaya çıkmıştı Arda. Teknik Direktör Stefan Kuntz performansından memnun kalmıştı. Ancak Galler maçının bir gün öncesinde düzenlenen basın toplantısında, "Önümüzdeki rakip daha farklı, taktiksel olarak farklı bir yaklaşım sergileyebiliriz," ifadesiyle Arda'nın ilk 11'de olamayabileceğinin sinyalini vermişti.

Arda bu duruma içten içe üzülse de teknik direktörün kararına saygı duyuyordu. Sezonun büyük kısmını Fenerbahçe'de de yedek geçirmiş, Jorge Jesus'un tercihleri arasında yer almamıştı. Nedeni genellikle fiziksel ve taktiksel unsurlardı. Teknik direktörleri, sahip olduğu olağanüstü yeteneklerin oynaması için yeterli olmadığı kanaatindeydi.

Oysa Arda kendi yeteneklerine ve yapabileceklerine tam anlamıyla güveniyordu. Bir yıl önce Galler'in 17 yaş altı takımına karşı 1 gol 2 asistlik bir performans sergilemişti. Aynı başarıyı bir yıl sonra Galler'in A Takımı'na karşı da gösterebileceğine inanıyordu.

Maç sabahı otelde kahvaltı yaparlarken Hakan Çalhanoğlu ile düşüncelerini paylaştı. Hakan da Arda'nın hem millî takımda hem de Fenerbahçe'de daha fazla süre alması gerektiğini savunuyordu. Hatta kasım ayında, İskoçya maçı öncesinde Jorge Jesus'u eleştirerek, "Arda'nın oyuna geç girdiğini görüyorum. Hoca onu korumak istiyor ama tecrübe kazanmak için oynamalı," demişti.

Aynı düşüncelerini Arda'ya da ileten Hakan sabırlı olmasını öğütledi. "Mutlaka oyuna dahil olacaksın," dedi. "Sabırla zamanını beklemeli, rakibi iyice analiz etmeli ve fırsatını bulduğunda etkili olmalısın."

Inter'in kaptanı kendisine böyle söylüyorsa bir bildiği olmalıydı. Onun bu önerileri Arda için fazlasıyla değerliydi. Bu yüzden Hakan'ın söylediklerini dikkate alarak hareket etmeye karar verdi.

Letonya karşılaşmasında Orkun Kökçü ve Hakan Çalhanoğlu'nun önüne Arda'yı koyarak başlayan Kuntz, Galler maçı için defansif bir yapıya gitmeyi seçmiş ve bu ikilinin arkasına Salih Özcan'ı tercih ederek daha tedbirli bir orta üçlüyle çıkmaya karar vermişti. Belli ki Galler'in sert bir takım olduğunu düşünmüştü.

Öylelerdi. Ancak sertliklerine rağmen Galler'in de zaafları vardı. Arda yedek kulübesinde geçirdiği süre boyunca Hakan'ın da tavsiye ettiği üzere rakibin zayıflıklarını dikkatle gözlemledi. Özellikle sol açıkları Daniel James'in defansif eksikliklerini fark etti. Bu durum Türkiye'nin o bölgede yaratıcı bir pas verebilecek ya da adam eksiltebilecek bir oyuncuya, yani Arda Güler'e ihtiyaç duyduğunu daha da belirgin hâle getiriyordu.

Üstelik maçın 41. dakikasında Galler'in sağ içi Joe Morrell, gördüğü kırmızı kart ile takımını 10 kişi bırakmıştı. Bu durum rakibin ikinci yarıda daha defansif bir oyun sergilemesine neden olabilirdi fakat yine de bir kişi eksiklerdi. Arda gibi özel bir yeteneğin bu dezavantajı kullanarak rakibi hata yapmaya zorlayabileceği kesindi.

Nihayet 61. dakikada beklediği fırsat geldi.

Teknik Direktör Stefan Kuntz, Salih Özcan'ın yerine onu sahaya sürdü. Oyuna girene kadar Türkiye, Galler'in sıkı savunması karşısında pozisyon yaratmakta güçlük çekiyor hatta bazen kontratak fırsatları bile veriyordu. Ancak Arda'nın oyuna dahil olmasıyla Türkiye oyunu yavaş yavaş Galler'in yarı sahasına yıkmaya ve rakibine çıkış fırsatı tanımamaya başladı.

Sonuç olarak 10 dakika içinde bu baskının ilk ödülü de geldi. Umut Nayir, attığı kafa golüyle Türkiye'yi öne geçirdi. Bu, Umut'un A Millî Takım ile attığı ilk golüydü ve şimdi sıra Arda'nın siftahını yapmasına gelmişti.

8 dakika sonra sol iç koridorda topla buluşan Arda aradığı boşluğu nihayet buldu. Başkaları için büyük bir boşluk sayılmazdı hatta görünürde bir gol fırsatı bile olmadığı söylenebilirdi. Ancak bu, başkaları için geçerliydi, Arda için değildi. O, bu minik boşluktan nasıl olağanüstü bir sonuç çıkarabileceğini herkese göstermeye hazırdı.

Orkun'un pasıyla ceza sahasının dışında sağ çaprazda topla buluştu. Hemen kaleye göz attı. Ceza sahası içinde yalnızca Umut Nayir bulunuyordu ve o da müsait bir pozisyonda değildi. Farklı bir oyuncu olsaydı sağ kanattan koşu yapan Barış Alper Yılmaz'a topu yuvarlayabilirdi. Ama Arda farklıydı, biricikti.

Uzak köşeye baktı, kendine inandı ve kalçasından harika bir şut çıkardı. Top döndü, döndü, döndü. Kaleci Danny Ward bir an için topa müdahale edebileceğini düşündü; ama o düşüncesi çok kısa sürdü. Hepimiz gibi onun da yapabileceği tek şey seyretmekti ve o da bunu en iyi yerden yaptı. Ve nihayet top en zorlu açıdan filelerle buluştu. Bu attığı golle Arda, Türkiye'nin resmî maçlarda gol atan en genç oyuncusu unvanını da kazanmıştı.

Golden sonra Hakan Çalhanoğlu, Arda'nın yanına yaklaştı. "Sana söylemiştim, gördün mü?" dedi ve birbirlerine sıkı sıkı sarıldılar.

Arda için hiçbir şey artık eskisi gibi olmayacaktı. Avrupa futbol sahnesi onun potansiyelinin ve değerinin zaten farkındaydı ancak bu müthiş golle kariyerinde yeni bir sayfa açılmıştı.

Şimdi önünde ülke futbol tarihinin belki de en büyük transfer teklifi onu bekliyordu.

“Futbol benim için
çok büyük bir mutluluk kaynağı.”

2

İDOL

Eylül 2012, Ankara, Türkiye

Güneşli bir pazar sabahıydı. Güler ailesi, her zamanki gibi neşeli bir şekilde kahvaltı yapıyordu. Baba Ümit Güler, gazetesini dikkatle okuyordu; oğlu Arda ise gözlerini spor sayfasına dikmişti. İdolü Alex de Souza'nın fotoğrafını gördüğünde gözleri parladı.

"Baba, bak Alex! Gazetede ne yazıyor?" diye heyecanla sordu.

Arda'nın idolü, Fenerbahçe'nin efsanevi oyuncusu Alex de Souza, o dönem Teknik Direktör Aykut Kocaman ile anlaşmazlık yaşıyordu. Gazetede bu konu haberleştirilmişti; Alex'in takımdan ayrılabileceği iddia ediliyordu.

"Alex, Fenerbahçe'den ayrılabilirmiş," dedi Ümit Güler, oğluna.

Arda'nın gözleri önce büyüdü, hemen ardından dolu

dolu oldu.

"Na-nasıl yani? Alex, Fenerbahçe'den nasıl ayrılır?" diye kekeleyerek sordu.

Annesi Serap Güler, "Çocuğun Alex'i ne kadar sevdiğini bilmiyor musun? Bir anda böyle söylenir mi bu?" diye eşine sitem etti.

Ümit Güler, "Kesin bir şey yok ki, üzülme oğlum. Belki de yalan haberdir," dedi.

Ama içine kurt düşmüştü bir kere. O gün sürekli televizyonlardaki spor haberlerini izledi. Alex'in Fenerbahçe'den ayrılmayacağına dair bir şey duymak istiyordu; fakat televizyon haberleri de babasının gazeteden okuduğu bilgiyi teyit ediyordu. Alex ile Aykut Kocaman arasında ciddi bir gerilim olduğu ve Fenerbahçe'nin Brezilyalı yıldızın sözleşmesini feshedebileceği belirtiliyordu.

Arda buna bir türlü inanamıyordu. Alex, Fenerbahçe'nin efsanesiydi; ayrıca kendisinin de en büyük idolüydü. Odasının duvarları Alex'in posterleriyle kaplıydı. Fenerbahçe nasıl olur da onun gitmesine izin verebilirdi?

O hafta içinde Fenerbahçe kendi sahasında Marsilya'yla karşılaşacaktı. Bu, UEFA Avrupa Ligi'nin ilk grup maçıydı ve kazanmaları çok önemliydi. Arda'nın içini büyük bir korku kaplamıştı. Ya bu maç Alex'in Fenerbahçe'deki son maçı olursa? Daha onu canlı olarak seyredememişti bile.

O günün akşamında babasına Marsilya maçını seyretmek istediğini söyledi.

"Nasıl olur oğlum?" dedi babası. "Maç perşembe akşamı ve oldukça geç bir saatte başlayacak. Ertesi gün senin okulun var. Eğer maçı izlersen sabah nasıl kalkacaksın?"

Annesi de babasını destekledi. Yedi yaşındaki Arda'nın okuldaki ilk günleriydi. Hemen ilk haftadan devamsızlık mı yapacaktı yani? Hem de bir futbol maçı için!

Fakat küçük Arda çok ısrarlıydı. Tıpkı babasının gazetede okuduğu haberi duyduğunda olduğu gibi yine gözleri dolmuştu. "Bu belki de Alex'i izlemem için son şansım olabilir!" dedi.

Bu sefer babası da duygulandı. Önce oğluna, sonra eşine gülümseyerek baktı. "Oğlan haklı, Serap," dedi. "Ya bir daha Alex'i göremezse? Bu maçı baba oğul izleyelim. Eğer sabah kalkamazsa da olsun, ne yapalım, bir gün okula geç gitse bir şey olmaz."

Baba Ümit Güler, oğlunun futbola olan ilgisinin de yeteneğinin de farkındaydı ve bu konuda onu desteklemeye kararlıydı. Annesi de oğluna kıyamayınca, "Peki, bu seferlik öyle olsun," dedi.

Arda okulda tüm günü heyecan içinde geçirdi. İlk kez bir Fenerbahçe maçının tamamını seyredebilecekti. Okuldan eve döndüğünde odasında bir sürpriz onu bekliyordu. Babası, Fenerbahçe'nin yeni sezon çubuklu formasını almış ve oğlunun yatağına bırakmıştı. Formanın arkasında ise elbette 10 numara ve "Alex de Souza" yazıyordu. Arda sevinçten havalara uçmuştu.

"Babacığım! Çok teşekkür ederim! Bu akşam bu formayı giyeceğim ve hem Alex'e hem de Fenerbahçe'ye uğur getireceğim!" demişti.

Arda çubukluyu üstüne geçirdiğinde artık maç da başlayabilirdi. Akşam yemeğini yedikten sonra hep birlikte televizyonun karşısına geçtiler.

"Sence kaç kaç bitecek?" diye sordu babası.

Sağ yumruğunu havaya kaldırarak, "3-0, Fener alacak!" dedi Arda.

Babası, "Harika! Golleri kimin atacağını sormuyorum; o zaten belli, değil mi?" dedi.

Arda, "Tabii ki Alex! Hat-trick yapacak ve Fenerbahçe'de oynamaya devam edecek!" diye cevap verdi.

Maçı yayımlayan kanal, uzunca bir reklam kuşağından sonra nihayet Şükrü Saracoğlu Stadyumu'na bağlandığında, iki takımın ilk 11'leri açıklanıyordu. Arda henüz okumayı öğrenememişti ama Alex'in isminin nasıl yazıldığını elbette biliyordu.

"Baba, bak!" diye sevinçle ayağa fırladı. "Alex oynuyor!"

Babası gülerek oğlunun saçlarını okşadı.

Ve ardından hakem ilk düdüğü çaldı; maç başladı.

Arda heyecandan yerinde duramıyor, gözlerini Alex'ten ayıramıyordu. Onun topla buluştuğu her an büyüleniyor, bir gün kendisinin de onun gibi bir futbolcu olacağını hayal ediyordu.

Fenerbahçe maça iyi başlamıştı. 28. dakikada Caner Erkin, savunma arkasına sızarak dar bir açıdan kaleye sert bir şut çekmiş ve top, Marsilya kalecisi Steve Mandanda'nın bacakları arasından ağlarla buluşmuştu.

Sevinçten babasının kucağına zıplayan Arda, "Alex de atar değil mi babacığım?" diye sordu.

"Elbette atar, oğlum; ondan hiç kaçar mı? Senin için atacak hem de!" diye cevap verdi babası.

Ama böyle dedikten sonra da içini bir şüphe kapladı. Ya atamazsa? Bu defa oğlu hayal kırıklığına uğrayacaktı.

İlk yarı Fenerbahçe'nin 1-0 üstünlüğüyle sona ermişti. Babası, ikinci yarıda Alex'in bir gol atması için içinden dua ediyordu, bu oğlu için çok önemliydi.

57. dakikada ise beklenen an gelmişti. Sağ kanatta topla buluşan Mehmet Topuz, kafasını kaldırıp içeriye bakmış ve Alex'in iki Marsilya stoperinin arasına koşu yaptığını görmüştü. Artık tek yapması gereken topu o bölgeye yollamaktı ve o da öyle yaptı. Ardından Alex, topu yere çarptırarak bir kafa vuruşu yapmıştı. Ve işte, top ağlardaydı!

Arda ve babası hemen kucaklaştılar. "Gördün mü oğlum, sana atar demiştim, senin için attı bu golü!"

Arda sevinçten çılgına dönmüştü. Onu bir daha görememe korkusuyla günlerini geçirdiği kahramanı acaba bunu hissetmiş miydi? Neden olmasın?

Teknik Direktör Aykut Kocaman ise golden kısa süre sonra Alex'i oyundan almış ve yerine Cristian Baroni'yi koymuştu. Ardından sarı-lacivertliler son dakikada yediği iki golle maçtan 2-2'lik beraberlikle ayrılmıştı.

Maçın ardından üzgün olan Arda babasına, "Alex'i oyundan almasaydı bu maçı kazanırdık, değil mi baba?" diye sordu.

"Kim bilir oğlum, belki," diyebildi babası.

Ama haberler haklı çıkacaktı. Kısa süre sonra Alex, Fenerbahçe'den ayrılacaktı. Ve o maç, Alex'in Fenerbahçe formasıyla son golünü attığı maç olmuştu. Yıllar sonra onun 10 numaralı çubuklu formasını sırtına geçirecek çocuk ise bu golü hiçbir zaman unutamayacaktı.

3

İKİBUÇUKLUK

Şubat 2018, 19 Mayıs Stadyumu, Ankara, Türkiye
Süper Lig, Gençlerbirliği-Trabzonspor

Gençlerbirliği sezonun başında hayal kırıklığı yaratan performansı nedeniyle Teknik Direktör Mesut Bakkal ile yollarını ayırmıştı. Yerine bir önceki sezonu da yöneten Ümit Özat getirilmişti.

Özat'ın yeniden göreve gelmesiyle takımın performansı artmış, son sekiz maçta sadece bir kez yenilmişlerdi. Bir önceki hafta Fenerbahçe deplasmanından puanla dönen ekip, şimdi kendi sahasında Trabzonspor ile karşı karşıya gelecekti. Arda Güler içinse bu maç ayrı bir önem taşıyordu; ilk defa A takımın bir maçında kenarda top toplayıcı olarak yer alacaktı.

Maç saat 15.00'te başlayacaktı ama Arda sabahın erken saatlerinde uyanmıştı. Gece boyunca da heyecandan doğru düzgün uyuyamamıştı. Kahvaltıyı hızlıca yaptıktan sonra babası onu stadyuma götürmüştü. Henüz maçın başlamasına saatler olmasına rağmen Arda orada olmakta ısrar etmiş ve babası da bu isteğini kıramamıştı. Babası maçı tribünden izleyecek ve sonrasında oğluyla beraber eve dönecekti.

Arda, sahada minik takımdan arkadaşlarıyla bir araya gelmişti. Görevliler onlara yapmaları gerekenler konusunda talimatlar veriyordu.

Türkiye'de top toplayıcılığa "ikibuçukluk" denirdi. Bu adlandırmanın nedeni, çocuklara bir zamanlar verilen iki buçuk liralık yevmiye olabileceği gibi, sahaya atılan iki buçuk liraları toplamalarından da kaynaklanıyor olabilirdi. Şu an Arda da bu ikibuçukluklardan biri olmuştu.

Ama kolay bir iş değildi. Topu oyunculara zamanında verirlerse asist yaparak kahraman olabilirlerdi fakat geç verirlerse de özellikle deplasman takımı oyuncularından tepki alabilirlerdi. Arda'nın bu sorumluluğu arkadaşlarına hatırlatmasıyla heyecanı da büyümüştü; kalbi hızla atıyordu ve neredeyse bu sesi duyabiliyordu.

Arda, Gençlerbirliği'nin kalecisi Johannes Hopf'un kale arkasına yerleştirilmişti. Bu, yıllar önce Gheorghe Hagi'nin Galatasaray'daki son maçı olan Trabzonspor karşılaşmasında, kale arkasında top toplayıcı olarak bulunan Arda Turan'a bir göndermeydi sanki. Şimdi yıllar sonra yine bir Trabzonspor maçı ve yine kale arkasında, gelecekte Türk futboluna damgasını vuracak bir Arda vardı. Varlığı henüz kimse tarafından fark edilmese de...

Maç başlamıştı ve iki takım da birbirine net bir üstünlük sağlayamıyordu.

Arda, bir yandan kendi takımından dışarı çıkan topları hızlı bir şekilde sahaya geri gönderirken diğer yandan da iki spesifik oyuncunun ayağına top geldiğinde ekstra dikkat kesiliyordu. Bu iki oyuncu, Trabzonspor'un tecrübeli orta saha oyuncusu José Sosa ve Gençlerbirliği'nin yaratıcı futbolcusu Stéphane Sessègnon idi. Bu iki futbolcudan öğrenecek çok şeyi olduğunu düşünüyordu. Ve haklıydı; çünkü ilerleyen zamanlarda içlerinden biriyle aynı takımda olacaktı fakat bunu henüz bilmiyordu.

İkibuçukluk görevini sevmişti. Maçı müthiş bir yerden izlemek, hayranı olduğu futbolculara bu kadar yakın olmak ve bir yandan da oyunun bir parçası hâline gelmek ona büyük bir heyecan vermişti.

Uzun süre golsüz beraberlikle giden maçın sonlarına doğru Trabzonspor kritik bir penaltı fırsatı yakalamıştı. Kalenin hemen arkasında bekleyen Arda, Kaleci Hopf'a seslendi ve "Sağa atacak, sağa atla!" dedi. Hakem düdüğü çalarken Uğur Demirok topu Hopf'un sağına gönderdi. Arda'nın yönlendirmesi sayesinde oraya dalan Hopf penaltıyı kurtardı.

Takım arkadaşları tarafından tebrik edilen kaleci Hopf, arkasına dönüp Arda'ya göz kırpınca çocuğun yüzü aydınlandı ve sevinçle havaya sıçradı. Yanında görev yapan diğer top toplayıcı çocuklar da Arda'yı tebrik etmeye başladılar.

"Bravo Arda!"

"Nereye vuracağını nasıl bildin?"

"Senin sayende kurtardı penaltıyı!"

İkibuçukluğunun daha ilk gününde kahraman olmayı başarmıştı. Kendisini penaltıyı kaçıran Uğur Demirok'un yerine de koymuştu. "Penaltıyı ben kullansam kesin gol olurdu," demişti arkadaşlarına.

Maçın sonundaysa dört farklı futbolcudan formasını istemişti ama hiçbiri vermemişti. Çok değil, kısa süre sonra başkaları da kendisinin formasını isteyecekti. Ve daha o gün karar vermişti, onların yaptığını o kimseye yapmayacak, futbol hayatı boyunca kendisinden formasını isteyen kimseyi reddetmeyecekti.

"Futbolla doğdum.
Kendimi bildim bileli futbol oynuyorum."

4

10 NUMARA OLMANIN SIRLARI

Şubat 2018, Gençlerbirliği İlhan Cavcav Tesisleri, Ankara, Türkiye

O dönem Anadolu Ajansı maçlarda top toplayıcı olarak çalışan çocuklarla ilgili özel bir haber yapmayı planlıyordu. Gençlerbirliği'nden de bir oyuncuyu röportaja almak istemişlerdi. Kulübün basın sorumlusu ile o dönemin minik takım teknik direktörü bu görev için Arda'nın ismini vermekte karar kılmışlardı.

Ajansın foto muhabiri, bir top toplayıcının bir gününü çekecek, muhabir de bugünü kaleme alacaktı. Fakat çekimler bir haftadan fazla süreceği için Arda'nın ailesinden izin alınması gerekiyordu. Nitekim bir foto muhabiri evlerine gelecek ve bir hafta boyunca Arda'nın odasında çalışacaktı. Ailesi bu teklifi memnuniyetle kabul ettiklerini belirtti.

Ve bir hafta boyunca Arda'nın hemen her anı kayıt

altına alındı. Yalnızken, ailesiyle olduğu zamanlar, evden çıkışları, antrenmana gidişleri, antrenmandan eve dönüşleri... Hepsi detaylı bir şekilde fotoğraflandı.

Trabzonspor maçında ilk kez A takımın maçında top toplayıcılık yapan Arda için bu yepyeni bir deneyimdi. Şimdiye kadar Gençlerbirliği'nin sadece altyapı tesislerini görmüştü, bu sayede A takımın antrenman yaptığı tesislerine de adım atabilecekti. Kalbi bu yüzden yine heyecanla doluydu.

Henüz sekiz yaşındayken Gençlerbirliği altyapısına dahil olmuştu. Kısa süre içinde yüzlerce çocuk arasından sıyrılıp kendisini fark ettirmeyi ve adını duyurmayı da başarmıştı. 12-13 yaşlarına geldiğindeyse artık Gençlerbirliği camiasında onu tanımayan kalmamıştı.

A takım tesislerine varınca kulübün basın sorumlusu kendisine göz kırparak, "Yakında geleceğin yer burası," dedi. "Sen de tıpkı İrfan Can Kahveci ve Ahmet Çalık gibi altyapıdan çıkıp A takım formasını giyeceksin."

Arda'nın yüzünde kocaman bir gülümseme belirdi.

"Gençlerbirliği'nde en sevdiğin futbolcu kim?" diye sordu basın sorumlusu.

Arda hiç düşünmeden, "Stéphane Sessègnon," diye yanıtladı.

Basın sorumlusu da gülümsedi. "Eh, 10 numara 10 numarayı sevecek tabii," dedi.

Kendisinden böyle bahsedilmesi çok hoşuna gitmişti. Cesaretini topladı ve "Onunla tanışabilir miyim?" diye sordu.

Basın sorumlusu, "Dur bakalım, bir gidip konuşayım. Sen beni şurada bekle," diyerek yanından ayrıldı.

O sırada tüm takım tesislerde yemek yiyordu. Basın sorumlusu, Sessègnon'un yanına giderek durumu açıkladı.

"Rahatsız ediyorum, Stéphane ama sana bir şey sormak istiyorum. Altyapımızda çok büyük bir yetenek var, ismi Arda, henüz 13 yaşında. Şu an burada, özel bir çekim için geldi. Sana hayran ve seninle tanışmak istiyor. Yemek bittikten sonra yanına gelelim mi? Çok vaktini almaz."

Sessègnon meraklanmıştı ve "Görelim bakalım bu büyük yeteneği," diyerek ayağa kalktı.

"Ama daha yemeğin bitmedi," dedi basın sorumlusu.

Sessègnon ise "Boş ver, doydum sayılır, çocuğu bekletmeyelim," diyerek yürümeye başladı.

Lobide heyecanla bekleyen Arda, karşısında Sessègnon'u görünce daha da heyecanlanmıştı. Ama özgüveni heyecanını bastırıyordu. Büyük bir futbolcu gibi ayağa kalktı ve elini uzattı, "Merhaba, ben Arda," dedi.

Sessègnon, Arda'nın bu yaştaki özgüvenine hayran kalmıştı. "Demek meşhur Arda sensin, tanıştığıma çok memnun oldum," dedi.

Arda'nın gözleri parlıyordu. "Ben de memnun oldum," dedi. Sessègnon'un karşısında olmanın verdiği heyecanı içine atıp futbolcunun gözlerinin içine baktı. Sanki bu anı yıllar sonra da hatırlayacakmış gibiydi.

Sessègnon, "Takımda en çok beğendiğin futbolcu benmişim, bu doğru mu?" diye sordu.

Arda, kafasını hızlıca salladı.

Yıldız futbolcu, bundan onur duyduğunu belirtirken nedenini de sormak istedi. "Başka bir futbolcu değil de neden ben?"

Arda, "Çünkü sen takımın en yetenekli ve yaratıcı oyuncususun," yanıtını verdi.

Sessègnon'un yüzünde bir gülümseme belirdi. "Teşekkür ederim, senin gibi kulübün büyük beklentileri olan bir futbolcu adayından böyle sözler duymak gerçekten çok güzel," dedi. "Peki, bana sormak istediğin bir şey var mı?"

"Aslında var," dedi Arda. "Kariyerin boyunca en etkileyici bulduğun ve en iyi birlikte oynadığın oyuncu kim?"

Sessègnon hemen, "Ludovic Giuly," diye cevap verdi.

Arda'nın gözleri parladı, "Evet, tanıyorum onu! Barcelona ve Fransa Millî Takımı'nda yıllarca oynamış," dedi.

"Aferin sana," dedi Sessègnon. "Futbol konusunda oldukça bilgilisin. Bu çok iyi. Evet, Paris Saint-Germain'de sahada birlikte yer almıştık."

"Ondan neden etkilenmiştin peki?" diye sordu Arda.

Sessègnon kısa bir sessizlikten sonra, "Hızlı bir oyuncuydu fakat sadece hızlı değil; teknik ve zekiydi de. Futbol, bu üç özelliğin bir araya gelmesidir. Eğer gerçekten iyi bir futbolcu olmak istiyorsan teknik yetenek, zekâ ve hızı birleştirmelisin," dedi. "Peki ya sen? Bu üç özelliğin sende olduğunu düşünüyor musun?"

Arda özgüven dolu bir şekilde, "Evet, düşünüyorum. Hocalarım da aynı fikirde," dedi.

Sessègnon gülümsedi. "Bu çok iyi, o zaman kendine iyi bak ve çalışmaya devam et. Bir gün sen de çok iyi bir futbolcu olabilirsin," dedi.

Arda'nın gözleri artık daha da parlıyordu. Bu ışıltı, Sessègnon'u memnun etmişti.

"Sormak istediğin başka bir şey var mı peki?" dedi.

"Evet, 10 numara olmanın sırrını bilmek istiyorum," dedi Arda bu kez.

Sessègnon yine gülümsedi. "Bu ne güzel bir soru böyle," dedi ve ardından başını havaya kaldırdı. Kısa bir sessizlikten sonra tekrar Arda'ya döndü ve eliyle çocuğun başının arkasına temas ederek, "Gözler," dedi. "Diğer futbolcuların yalnızca iki gözü vardır. 10 numaraların ise arkalarında da gözleri bulunur. O gözler sayesinde sahada olan biten her şeyin her an farkındadırlar. O gözler sayesinde diğer futbolculardan hep birkaç adım öndedirler. Daha top ayağına gelmeden ne yapacaklarını çoktan düşünüp karar vermişlerdir bile. Onlar bu yüzden özeldir ve bu sebeple 10 numaralı formayı hak ederler."

Arda duyduklarından çok etkilenmiş bir hâlde sessizce Sessègnon'a bakıyordu.

Kısa bir sessizliğin ardından, "Ben bu gözlerin sende de olduğuna eminim," dedi Sessègnon.

"Nereden biliyorsun? Beni hiç izlemedin bile," dedi Arda heyecanla. İçi içine sığmıyordu.

"Bakışların çok şey anlatıyor. Kimi insanlar sadece bakar, kimileri görür hatta başkalarının göremediğini de görürler. Senin de böyle bir yeteneğin olduğunu düşünüyorum. Zaten bu yaşta kulüpte adın dilden dile dolaşıyor, öyle değil mi?"

"Evet, sanırım öyle," diye yanıtladı Arda utanarak. O ana dek sadece futbol yeteneğine hayran olduğu Sessègnon, şimdi çok daha fazlasını ifade ediyordu onun için. Kendisini ciddiye alıp zaman ayırmış olması onu hem çok mutlu etmiş hem de bir miktar mahcup hissettirmişti.

Çok teşekkür etti, el sıkıştılar ve birlikte fotoğraf çektirdiler. Vedalaşırken Sessègnon, en yakın zamanda Arda'nın bir maçını izlemeye geleceğine dair söz verdi.

O gün Arda tesislerden ayrılırken 10 numara olmanın bütün inceliklerini bir ustasından öğrenmiş olmanın verdiği memnuniyetle doluydu. Kendini artık biraz daha bilge hissediyordu.

5

BU ÇOCUK DA KİM?

Aralık 2018,
Gençlerbirliği İlhan Cavcav Tesisleri, Ankara, Türkiye
Elit U14 Ligi, Gençlerbirliği U14-Osmanlıspor U14

Çok soğuk bir Ankara sabahıydı. Kışın ilk karı o gün yağmaya başlamıştı. Ve Fenerbahçe'nin iki gözlemcisi, 13 yaşındaki çocukların maçını seyretmek için Yenimahalle'ye doğru yola koyulmuşlardı. Fakat gözlerinde en ufak bir heyecan yoktu, sıradan bir maça gittiklerini düşünüyorlardı.

Osmanlıspor U14 takımından bir oyuncu radarlarına takılmış ve takibe almaya karar vermişlerdi. Bu maçı seyretmelerinin nedeni oydu. Özel bir yetenek değildi ama iyi bir oyuncu olabileceğini düşünüyorlardı. Zaten artık futbolda özel yetenek de pek kalmamış gibiydi. Her hafta onlarca maç seyrediyorlardı ama kendilerini heyecanlandıran bir oyuncuya nadiren denk geliyorlardı.

Tesislere varmışlardı fakat maç başlamadan önce hâlâ yarım saatleri vardı. "Bu soğukta çay iyi gider," dedi gözlemcilerden biri, tribüne doğru yürüyerek.

Diğer gözlemci tribünde yerini alırken takımların ısınmasını izlemeye koyuldu. Aslında görmeye geldikleri Osmanlısporlu çocuğa odaklanması gerekiyordu ama iki dakika boyunca gözleri rakip takımdaki bir çocuğa takılmıştı. Gençlerbirliği forması giyen bu çocuk, top ayağına her geldiğinde diğerlerinden sıyrılıyordu.

Bir anda arkadaşının dürtmesiyle kendine geldi. "Al şu çayı, elim yanıyor," diye mırıldandı arkadaşı. "Ne düşünüyordun bu kadar?"

"Şu çocuk..."

"Bizimkisi mi? Ne var onda?"

"Hayır, bizimki değil."

"Öyleyse kim?"

Parmağıyla sahadaki Gençlerbirliği'nin 10 numarasını işaret etti. "Şu çocuğa dikkat et." Gösterdiği çocuk takım arkadaşlarıyla 5'e 2 oynuyordu. On dakika sonra antrenörleri düdükle birlikte hazırlık yapmalarını belirtti. Maç zamanı gelmişti.

Düdüğün çalmasıyla kendilerine gelen iki gözlemci, sessizce birbirlerine baktılar ve yine hiç konuşmadan anlaşmaya çalıştılar. Sonra biri sessizliği bozdu.

"Sen de benim gördüğümü görüyor musun, yoksa bu bir rüya mı?"

"Evet, görüyorum. Ve umarım rüya değildir."

"İkimizin de aynı rüyayı görme ihtimali sence nedir?"

"Hiçbir fikrim yok."

Hakem maçı başlatan düdüğü çaldığında iki gözlemci bir kez daha ayıldılar. Ve sadece birkaç saniye sonra bu olayın bir rüya olmadığını kesin olarak anladılar.

"Rüya çocuk" maçın henüz 22. saniyesinde orta yuvarlakta topla buluşmuş ve ilk temasında bir topuk pasıyla üç rakibi birden çalımlamıştı.

2. dakikada kendi yarı sahasından sol kanada doğru en az 50 metrelik mükemmel bir diyagonal pas yollamıştı.

4. dakikada sağ kanattan ceza yayı üzerine doğru yapılan bir ortaya sol ayağıyla gelişine harika bir şut atmış, top direğin yanından dışarı gitmişti.

7. dakikada ise iki kişi tarafından yakından markaja alınmışken savunmanın arkasına doğru muhteşem bir ara pas göndermiş, böylece takım arkadaşını yüzde yüzlük gol pozisyonuna sokmuştu.

Her topla buluştuğunda sanki maçın atmosferi bir anda değişiyordu. Johan Cruyff'un da vurguladığı gibi bir hücum oyuncusunun beş temel özelliği olmalıdır:

Top kontrolü, pas yeteneği, top sürme becerisi, şut kalitesi ve kafa vuruşu kabiliyeti. Arda bu beş özelliği de en yüksek seviyede sergiliyordu.

Futbolda en karmaşık hareketler, aslında en basit olanlardır. Fakat bazı özel oyuncular, zorlu görevlerin üstesinden o kadar kolay gelirler ki herkes büyülenir. Arda da bu tür oyunculardan biriydi. Onun topa olan dokunuşları âdeta kusursuzdu.

İki gözlemci aslında dikkat etmeye geldikleri oyuncuyu tamamen unutmuş, kendilerini, "Bu çocuk kim?" diye sormakla bulmuşlardı.

Tam o esnada arkalarından gelen bir ses cevap verdi: "Arda Güler, bizim Arda."

Şaşkınlıkla dönüp baktılar ve ardından hiç dikkate almadıkları esame listesini kontrol ettiler. Evet, arkadaki adam doğru söylüyordu; genç yeteneğin adı Arda'ydı.

"Ben üç senedir sadece onu izlemek için geliyorum buraya," diye devam etti adam. Gözlemciler tekrar dönüp baktılar. "Evim tesislere çok yakın. Bir gün Arda diye bir çocuğun adını duyup merak edince geldim. O günden beri hiçbir maçını kaçırmadım. Sadece ben değil, buradaki herkes aslında onu izlemek için burada."

Ülke futbolunun yetiştirdiği en büyük yeteneklerden biri olan Sergen Yalçın'ın da genç takımda oynarken kendine özel bir seyirci kitlesi olduğu söylenir.

Hatta öyle ki o dönemde İnönü Stadyumu'nda A takımdan hemen önce sahaya çıkan Beşiktaş genç takımının maçları, A takımın maçlarından daha kalabalık olurmuş. Birçok insan Sergen'i izledikten sonra A takımın maçının başlamasını bile beklemeden stattan ayrılırmış.

Şimdi otuz yıl sonra yine bir alt yaş grubu maçında sadece bir oyuncuyu seyretmek için gelen özel seyirciler vardı. Bunun anlamı neydi? Yeni bir Sergen mi geliyordu hatta belki ondan da iyisi?

Bu düşüncelerle tekrar sahaya odaklandılar. *Nasıl olur da bu çocuğu daha önce fark etmemişiz,* diye düşünürlerken o an Arda acıyla yerde yuvarlanmaya başlamıştı. İkili mücadele sırasında rakip oyuncunun sert müdahalesiyle ayak bileğine darbe almıştı. Tribündeki herkes gibi onlar da aynı anda ayağa fırladılar. Heyecandan hızla çarpan kalpleri şimdi korkuyla dolmuştu. "Ya ona bir şey olduysa?"

Sahaya giren sağlık ekipleri, kenara değişiklik işareti yaptıklarında iki gözlemcinin endişesi daha da büyüdü. Fakat Arda tüm bu olup bitenlere rağmen oyundan çıkmayı reddetti. Sahada kalmakta kararlıydı ve bu kararlılığı tribündekileri de rahatlattı. Hissettiği acıya rağmen oyunda kalmayı istemesi iki gözlemci üzerinde derin bir etki yaratmıştı. "Bu çocuk sadece olağanüstü bir yeteneğe sahip değil, çok daha fazlası," diye mırıldandı biri diğerine.

Maçı takip edemiyorlardı artık çünkü sahadaki diğer yirmi bir oyuncu onlar için anlamını yitirmişti; sadece Arda'yı izliyorlardı. Bu olağanüstü yeteneği Fenerbahçe'nin de görmesi gerektiğini düşünüyorlardı. Planlarına göre on gün içinde Arda'nın oyununu gösteren görüntüler Başkan Ali Koç'un eline ulaşacaktı.

Maç bittiğinde Gençlerbirliği 2-1 kaybetmiş, Arda ise gözyaşlarına boğulmuştu. Ancak bütün hayatı değişmek üzereydi. Henüz o bu gerçeğin farkında olmasa da birileri onu çoktan fark etmişti.

"Beni var eden şeyler var ve
amacım bunları daha mükemmel yapmak.
Bu yüzden çok çalışıyorum."

6

"ÇABUK BÜYÜ ARDA"

Şubat 2019,
Fenerbahçe Spor Kulübü Kulüp Binası,
İstanbul, Türkiye

Fenerbahçe gözlemcileri, Osmanlıspor maçında Arda'yı ilk kez izlediklerinde hem yeteneğinden hem de karakterinden çok etkilemişlerdi. Maçı 2-1 kaybetmişlerdi ancak Arda'nın oyun sırasında ayak bileğinden yaşadığı ciddi sakatlığa rağmen sahadan çıkmak istememesi ve maçın son düdüğü ile birlikte gözyaşlarına boğulması, onun sadece yetenekli bir oyuncu olmadığını, aynı zamanda güçlü bir karaktere sahip olduğunu da göstermişti.

Oyuncu izleme şefi, maçın bitiminden sonra Arda'yı babasının arabasına binip tesislerden ayrılana kadar takip etmişti. Karşısında yıllardır rastlanamayan bir futbol yeteneği olduğunun farkındaydı. Bu yüzden zaman kaybetmeden Arda'yı, o dönem Fenerbahçe'nin sportif direktörü olan Damien Comolli'ye özel bir raporla bildirmeye karar verdi. Eğer Fenerbahçe'nin Arda'ya olan ilgisi duyulursa diğer kulüpler de hemen harekete geçebilirlerdi. Bu sebeple kaybedecek zamanları olmadığını biliyordu.

Buna rağmen on gün geçmiş fakat Comolli'den hiçbir dönüş alınamamıştı. Oyuncu izleme şefi, bu duruma daha fazla tahammül edemeyip Arda'nın maç görüntülerinden oluşan bir DVD hazırlayarak Başkan Ali Koç'a iletmeye karar verdi. Transferin tehlikede olduğunu fark etmişti. Başkan Koç, DVD'yi izledikten hemen sonra Arda'yla ilgilenmeye başladı.

Oyuncu izleme şefi, Ali Koç'a, Arda'nın 15-16 yaşlarında A takımda süre alabileceğini ve Avrupa çapında bir yetenek olabileceğini belirtti. Ayrıca Arda'nın çocukluğundan itibaren Fenerbahçe taraftarı olduğunu ve ailesinin de oldukça iyi insanlar olduğunu iletti.

Ali Koç duydukları karşısında etkilenmişti. "Peki bu genç için sen olsan ne kadar önerirsin?" diye sordu. Oyuncu izleme şefi, "500 bin lirayı hiç düşünmeden veririm," diye yanıtladı. Koç'un gözleri büyüdü. "Ne diyorsun!" diye hayretle konuştu. Ardından, "Onlar 250 bin lira istiyor, pazarlık yapmamız gerekecek," dedi. Oyuncu izleme şefi ise, "Eğer 200 bin liraya anlaşırlarsa hiç tereddüt etmeyin," diye yanıtladı.

Aslında Gençlerbirliği, Arda'yı elde tutmak istiyordu ancak Arda ve ailesinin bu transferi istemesi önemliydi. Özellikle babası Ümit Güler, oğlunun yeteneklerine olan güveniyle kararlı bir tutum sergiliyordu. Transfer henüz gerçekleşmeden İstanbul'da bir ev bile kiralamıştı. Gençlerbirliği yöneticileri, Arda'nın bir süre daha takımda kalması için ısrarcı olsalar da Ümit Güler'in, "Biz çoktan İstanbul'da ev tuttuk, Arda'yı Fenerbahçe'ye göndermeye kararlıyız," sözleriyle karşılaşınca geri adım atmışlardı.

Nihayet sıkı pazarlıkların ardından Fenerbahçe ile Gençlerbirliği arasında bir anlaşma sağlandı: 200 bin lira yetiştirme bedeli, Arda'nın Fenerbahçe A takımı forması giymesi durumunda ekstra 200 bin lira daha ve sonraki bir satıştan pay alınacaktı. Böylece Arda, hayallerini kurduğu sarı-lacivertli çubuklu formaya kavuşmuştu. Artık o da bir Fenerbahçeliydi.

Ailesiyle Şükrü Saracoğlu Stadyumu'ndaki Fenerbahçe kulüp binasına ilk adımını attığında yaşadığı heyecan kelimelerle anlatılamazdı. "Baba, bu gerçek mi? Ben gerçekten Fenerbahçe'de miyim?" diye sormuştu.

Babası ise gururla yanıt vermişti: "Evet, oğlum, bu kesinlikle gerçek. Sen bunu başardın ve eminim ki çok daha büyük başarılara imza atacaksın."

Başkan Ali Koç'un odasına girdiklerinde, Koç hemen ayağa kalkmış, "Demek meşhur Arda sensin! Aylardır senin transferin için uğraşıyoruz. Fenerbahçe'ye hoş geldin!" demişti.

Arda'nın yüzünde büyük bir tebessüm belirmişti. "Teşekkür ederim, başkanım. Hoş buldum!"

O dönemde sarı-lacivertli ekip oldukça zorlu bir sezon geçiriyordu. Phillip Cocu ile büyük umutlarla girilen sezonda alınan kötü sonuçların ardından Hollandalı teknik direktör ile yollar erkenden ayrılmıştı. Cocu'nun yardımcısı Erwin Koeman takımın başında bir süre kalmışsa da sonuçlar değişmemişti. Ardından taraftarın çok sevdiği Ersun Yanal göreve getirilmişti ancak kötü gidişata bir türlü dur denilememişti.

Arda, Fenerbahçe'ye katılmadan dört gün önce yaşanan Konyaspor beraberliği, takım için âdeta tuzu biberi olmuştu. 22. hafta sonunda 24 puanla 15. sıradaydılar, yani küme düşme hattının sadece bir basamak üstündeydiler. Bu durum tarihinde pek çok başarıya imza atmış olan Fenerbahçe için tam anlamıyla bir kâbustu. Sezon sarı-lacivertli kulüp için tarihinin en kötü dönemlerinden biriydi.

Ali Koç, Arda'ya dikkatle baktıktan sonra, "Çabuk büyü, Arda. Senin gibi yeteneklere şu anda çok ihtiyacımız var. Fenerbahçe, tarihinde hep büyük yetenekler ve yıldız futbolcularla başarılı olmuştur. Türkiye'nin en görkemli kulübü burası. Şu an işler iyi gitmiyor çünkü senin yeteneğine sahip oyuncularımız yok. Senin görüntülerini izledim ve bana Alex'i anımsattın. Alex gibi bir oyuncuyu bulmak günümüzde çok zor. Ama artık sen varsın. Sen çok kısa süre içinde büyüyecek, gelişecek ve bizim yeni Alex'imiz olacaksın. Sana inanıyorum," dedi.

Başkanın bu sözleri üzerine hem Arda hem de ailesi derinden etkilenmiş ve duygusal anlar yaşamıştı. Annesi, "Biliyor musunuz Sayın Başkan, Arda'nın en çok hayran olduğu futbolcu Alex'tir. Ankara'daki odasının duvarları Alex'in posterleriyle doludur. En çok üzüldüğü gün Alex'in Fenerbahçe'den ayrıldığı gündü," demişti.

"Bunu duyduğuma gerçekten çok sevindim," demişti Ali Koç cevaben. "Alex'in Fenerbahçe'den ayrıldığı gün, beni de derinden üzmüştü. O kulübümüze katıldığı an, Fenerbahçe tarihinde dönüm noktası olmuştur. Senin buraya katıldığın bu gün de inanıyorum ki tarihimize yeni bir milat olarak kayda geçecek, Sevgili Arda. Ancak sana az önce söylediğimi lütfen unutma. Çabuk büyü çünkü sana ihtiyacımız var."

Arda, Başkan Ali Koç'un bu etkileyici sözlerini aklının bir köşesine yazmış, onun istediği gibi hızlıca büyümeye başlamıştı. Fenerbahçe kariyerine 16 yaş altı takımda başlayan genç yetenek, aynı yıl içerisinde 19 yaş altı kadrosuna yükselmişti. O sezon, U19 Süper Ligi'ni altıncı sırada tamamlayarak play-off hakkı elde etmişlerdi. Başakşehir ile yapılan mücadelede 6-0'lık zaferin ardından Arda'nın 3 gol 1 asistlik performansı dikkat çekmişti. Kasımpaşa ile oynanan üçüncülük maçında da 1 gol, 2 asistlik göz dolduran oyunuyla U19 Süper Lig play-off gol kralı olmuştu.

Şimdi sırada Fenerbahçe'nin A takımı vardı ve bunun için çok fazla beklemesi gerekmeyecekti. Küçük Arda çabuk büyüyordu.

7

BİR DAHAKİ SEFERE

Ağustos 2021, Fenerbahçe Şükrü Saracoğlu Stadyumu,
İstanbul, Türkiye
UEFA Avrupa Ligi Play-Off İlk Maçı,
Fenerbahçe-HJK Helsinki

2021-22 futbol sezonu, Arda Güler için yeni bir dönemin kapılarını aralıyordu.

Önceki sezon ilk kez A takım antrenmanlarına katılan genç yetenek, Teknik Direktör Vítor Pereira'nın altı yıl sonra sarı-lacivertli takımın başına tekrar geçmesiyle artık kadronun bir parçası hâlini almıştı. Portekizli hocanın genç oyunculara özel bir ilgi göstermesi, Arda için kariyerini şekillendirecek büyük bir fırsattı.

19 Ağustos 2021 tarihindeki HJK Helsinki mücadelesi, Arda'nın yıllardır hayalini kurduğu anın gerçeğe dönüşeceği maç olarak kayıtlara geçecekti. Fenerbahçe forması giymeyi çocukluğundan beri hayal eden genç

oyuncu, A takımda üçüncü kez resmî bir maç kadrosuna seçilmişti. Geçen sezonun sonlarında Emre Belözoğlu tarafından Ankaragücü ve Kayserispor deplasmanları için kadroya dahil edilmiş fakat maça çıkma şansını yakalayamamıştı. Bu sefer ise hem de Kadıköy'de bir maçta forma giyme ihtimali oldukça yüksekti.

Karşılaşmanın bir gün öncesinde son taktik antrenman tamamlandığında Pereira, Arda'yı yanına çağırmış ve yarınki maçta kadroda olacağını belirterek kendisinden hazır olmasını istemişti. O andan beri Arda'nın heyecanı katbekat artmıştı. Hemen annesini ve babasını aramış, Helsinki maçının kadrosunda olduğunu, VIP tribününden kendisini izleyebilecekleri en iyi yerleri ayırttığını söylemiş ve şans dilemelerini istemişti. Telefonun diğer ucundan annesinin coşkulu sesi yankılanmıştı.

Önceki sezon pandemi sebebiyle tribünler taraftarsızdı. Ancak 2021 yazı itibarıyla taraftarlar yavaş yavaş tribünlere dönüyordu. Sezonun ilk iç saha maçı belki de tıklım tıklım dolu değildi fakat taraftarların sesleri takım otobüsüne kadar ulaşıyordu. Arda onları daha net duyabilmek için kulaklığını çıkarmıştı. Çocukluğu boyunca bir taraftar olarak girdiği bu stadyuma, şimdi Fenerbahçe'nin bir futbolcusu olarak giriyordu. Yıllar boyu gördüğü rüya artık gerçekleşmişti ve bunu gerçekleştiren kendisiydi.

Takım otobüsünden sırayla indiler. Önce Teknik Direktör Vítor Pereira, ardından yardımcıları ve nihayet futbolcular; kaptan Luiz Gustavo, Mesut Özil, José Sosa, İrfan Can Kahveci, Miha Zajc ve tabii ki Arda da onların arkasından tünele doğru ilerliyordu.

Isınmak için sahaya çıktıklarında kalbinin göğsünden fırlayacak gibi attığını hissetti. O an zaman durmuştu sanki. Etrafını süzdü; tüm tribünler coşkuyla ayakta, aylar sonra hasret kaldıkları sarı-lacivertli futbolcuları coşkuyla alkışlıyorlardı. Ve şimdi o da onlardan biriydi. Tam o sırada stadyumun hoparlörleri yankılandı; Fenerbahçe'nin marşı çalmaya başlamıştı:

"Kalpleri fetheden renkler, yaşa Fenerbahçe! Ne mutlu seni sevene, yaşa Fenerbahçe!"

Arda'nın enerjisi sahada ısınırken bile tüm stadyumu sarsabilecek gibiydi. Fakat sabırlı olmalıydı; sahada kendini gösterme zamanı elbet gelecekti.

Teknik Direktör Vítor Pereira, soyunma odasındaki tahtaya taktiksel dizilişlerini çizmişti. Adana Demirspor maçında olduğu gibi 3-4-3 formasyonu ile sahada olacaklardı.

Fakat santrfor pozisyonunda bir eksiklik yaşanıyordu; yeni transferler Enner Valencia ve Serdar Dursun sakatlıkları nedeniyle kadroda yer almıyordu. Bu durumda Miha Zajc, Teknik Direktör Pereira tarafından en uçta oynatılacaktı. Hemen arkasında İrfan Can Kahveci ve Mesut Özil yer alacaktı. Arda eğer oyuna dahil olursa bu iki oyuncudan birinin yerini alacaktı. Bu yüzden oyuna girmek için fırsat kolluyordu; İrfan Can veya Mesut Özil'in yerini alabileceği bir anı bekliyordu.

Maç başladıktan sonra Fenerbahçe için durumun beklenilenden daha zor olacağı ilk dakikalar içinde anlaşılmıştı. Fin takımı etkili bir savunma yapıyor, sarı-lacivertli ekibe etkin olabilecekleri bir alan bırakmıyordu. Yaratıcı oyunculara büyük ihtiyaç vardı. Bu bağlamda beklentiler Mesut ve İrfan Can'a yöneltilmişti; ancak her iki oyuncu da etkisizdi. Yedek kulübesinden durumu izleyen Arda böyle giderse oyuna girebileceğini düşünüyor ve zihinsel olarak kendini buna hazırlamaya çalışıyordu.

İlk yarı bittiğinde Fenerbahçe'nin neredeyse hiç pozisyonu olmamıştı. Soyunma odasına döndüklerinde Teknik Direktör Pereira, oyuncularına daha dinamik olmalarının ve rakip savunmayı hazırlıksız yakalamanın önemini vurgulamıştı. Ancak herhangi bir oyuncu değişikliği yapmamıştı.

İkinci yarının hemen başında tüm yedek oyunculara kenara gidip ısınmalarını söylemişti.

54. dakikada İrfan Can sakatlanıp oyundan çıkmak zorunda kalınca ilk oyuncu değişikliği zamanı gelmiş-

ti. Genç Arda yedek kulübesine heyecanla bakmıştı fakat beklediği işareti görememişti. Pereira, Ferdi Kadıoğlu'nu oyuna sokmayı tercih etmişti.

Sekiz dakika sonra tekrar kenara işaret yapılmıştı; bu sefer iki oyuncu birden değişecekti! Ancak Arda yine onlardan biri değildi. Bright Osayi-Samuel'in yerine Nazım Sangare, Mesut Özil'in yerine ise Muhammed Gümüşkaya oyuna dahil olmuştu. Muhammed, Arda'dan dört yaş büyük olsa da o da takımın genç oyuncularından biriydi ve aynı şekilde altyapıdan yetişmişti.

Maç öncesinde Arda, Mesut ya da İrfan Can'ın yerine oyuna girebileceğini düşünüyordu. Ancak bu iki oyuncunun yerine de başkaları girmişti. Üstüne üstlük Muhammed, oyuna girdikten sadece üç dakika sonra ceza sahasının dışından sol çaprazdan harika bir gol atmıştı. Arda bu gol sevincini takımı ve arkadaşı için paylaşsa da oyuna girme umutlarının azalması yüzünden buruk bir hissiyata kapılmıştı. Bu maç için özel bir hazırlık yapmış, anne ve babasını bile davet etmişti.

Ancak tam bir dakika sonra beklediği fırsat gelmişti. Filip Novak'ın sakatlanması üzerine kenardan yeni bir işaret yapıldı. Bu sefer Arda'nın ismi çağrılıyordu. Yedekler arasında sadece iki kaleci kalmıştı; dolayısıyla Arda'nın oyuna girmesi kaçınılmazdı.

Işık hızında kulübeye koşarak hemen üstünü çıkardı, formasını giydi ve Pereira'dan taktik tahtası üzerinde yapması gerekenleri son bir kez daha dinledi. Ardından sahaya adımını attı, aynı anda büyük bir alkış koptu. Tüm tribünler ayağa kalkmış, Arda'nın Fenerbahçe formasıyla ilk maçını coşkuyla alkışlamaya başlamıştı. Bu an en büyük rüyasının gerçekleştiği andı.

Böylece 16 yaş 5 ay ve 25 gün ile Fenerbahçe tarihinin resmî maçlarda en genç forma giyen üçüncü oyuncusu olma unvanını kazanmıştı.

Önce sakatlığı nedeniyle sahayı terk etmek zorunda kalan Novak'ın, ardından Attila Szalai'nin elini sıktı. Sonrasında takımın kaptanı Gustavo'nun yanına gitti. Brezilyalı futbolcu, "Sakın heyecanlanma, yeteneklerine güven çünkü biz sana güveniyoruz. Başarılar!" diyerek genç oyuncuyu cesaretlendirdi. Arda, kaptanına teşekkür ederek maça odaklandı.

Maçın son dakikalarında Fenerbahçe, tehlikeli bir noktadan serbest vuruş kazanmıştı. Topun başına Arda ile birlikte Arjantinli Sosa geçmişti. Sosa, usta bir frikikçiydi ama taraftarlar bu frikiği Arda'nın kullanmasını istiyorlardı. "Arda! Arda!" diye tezahürat yapmaya başlamışlardı. Arda, Sosa'ya frikiği atıp atamayacağını sormuştu. Belki altyapıdan arkadaşı Muhammed'den sonra o da bir gol atabilirdi. Ancak Sosa başını "hayır" anlamında iki yana sallamış, frikiği kendisinin atacağını belirtmişti. Vuruşu ne yazık ki rakip barajı geçemeyince tribünler Arjantinli futbolcuya büyük tepki göstermişti. Maç ise Fenerbahçe'nin üstünlüğüyle 1-0 sona ermişti.

Son düdüğün ardından Arda tüm takım arkadaşlarının ve teknik direktörünün tebriklerini kabul etmişti. Tribünler ise sanki maçın kahramanı oymuş gibi en çok onunla ilgileniyorlardı.

Sahada kaldığı yirmi dört dakika boyunca belki topla çok fazla buluşamamıştı ancak top ayağına geldiği her an, tribünleri heyecanlandırmayı ve ayağa kaldırmayı başarmıştı.

Maçın sonunda yaptığı açıklamasıyla da genç yaşına rağmen aklı başında biri olduğu anlaşılıyordu. "Hocama, aileme ve büyük Fenerbahçe taraftarına çok teşekkür ederim," demişti. "Çocukluğumdan beri o frikikte topun başına geçmenin hayalini kurdum ama bugünlük olmadı. Abilerimizden çok şey öğrenmemiz lazım. Büyüdükçe küçülmemiz gerekiyor. Herkese teşekkür ediyorum."

Büyüdükçe alçakgönüllü olmak gerektiğini, birçok insanın bir ömür boyu fark edemediği bu derin erdemi, Arda genç yaşına rağmen çoktan özümsemişti. Bu, onun sadece büyük bir yeteneğe değil, aynı zamanda olgun bir ruha sahip olduğunun da göstergesiydi.

FENERBAHÇE
AVIS
25

8

SAHADA BÜYÜYEN ÇOCUK

Şubat 2022, Fortuna Arena, Prag, Çekya
UEFA Avrupa Ligi Play-Off Rövanş Maçı,
Slavia Prag-Fenerbahçe

Arda Güler için harika bir hafta oluyordu.

Önce İstanbul'da Slavia Prag'a karşı oynanan maçta Miha Zajc'ın yerine son 15 dakikada oyuna dahil olmuştu. Takımı maçı 3-2 kaybetmiş olsa da Ferdi Kadıoğlu'nun son dakikada attığı golü asistle süslemiş ve Fenerbahçe'nin rövanş öncesinde umutlu olmasını sağlamıştı. Bu aynı zamanda bir Avrupa maçında yaptığı ilk asistti.

Ardından Hatayspor ile oynanan karşılaşmada, kariyerinde ilk kez bir resmî maçta A takım formasıyla ilk 11'de sahaya çıkmıştı. Performansıyla izleyenleri etkilemiş ve 73. dakikada oyundan alınırken taraftarlar tarafından ayakta alkışlanmıştı.

Şimdi de sırada Slavia Prag ile oynanacak rövanş maçı vardı. Bu karşılaşma Arda için bir başka özel anlam daha taşıyordu; maç onun doğum gününe denk geliyordu. Eğer Teknik Direktör İsmail Kartal ona şans verirse yine etkileyici bir performans sergilemeyi, takımının turu geçmesine katkıda bulunmayı ve bu başarısını ailesine ithaf etmeyi umuyordu.

Taraftarlar ve futbol kamuoyu, Arda'nın Slavia Prag maçında da ilk 11'de sahaya çıkması gerektiği görüşündeydi. Özellikle Mesut Özil'in yokluğu ve İrfan Can Kahveci'nin maç eksiği nedeniyle takımda hissedilen yaratıcılık sorununu giderebilecek en uygun isim olarak Arda kabul ediliyordu.

Belki çok gençti ve kasları tam oturmamıştı ancak sahip olduğu olağanüstü yeteneklerin yanı sıra sakin, olgun ve özgüvenli karakteri, onu herkesin gözünde güvenilir bir oyuncu hâline getiriyordu.

Buna karşılık İsmail Kartal, Arda konusunda aceleci olunmaması gerektiğini savunuyor ve taraftarların ve medyanın heyecanını dindirmeye çalışıyordu. Slavia Prag ile yapılacak rövanş maçı öncesinde verdiği demeçlerde, "Arda değerli bir oyuncumuz. Hem Fenerbahçe kulübü hem de Türk futbolu için parlak bir geleceği var. Böyle yetenekli oyuncularımızı hızla kaybetmek istemiyoruz. Onu korumak niyetindeyim. Eksiklerinin olduğunun farkındayız, güçlenmesi ve tecrübe kazanması gerekiyor. Evet, artık A takımın bir parçası fakat bu her zaman sahada olacağı anlamına gelmez. Onu daha da geliştirmek için çalışacağız," şeklinde konuşmuştu.

Bu açıklamalar özellikle medyada geniş bir yankı bulmuş, "İsmail Kartal, Arda'yı kimden ve neyden koruyor? Genç futbolcuların korunması için oynatılmamaları gerektiği fikri yanıltıcı," şeklinde eleştiriler yapılmıştı.

Arda ise kendi hakkında oluşturulan büyük beklentilerden, yapılan olumlu yorumlardan ve sahada olması gerektiği genel kanısından dolayı elbette memnundu. Ancak teknik direktörünün kararlarına da saygılı bir tutum sergiliyordu. Kendisinin hâlâ zamana ihtiyacı olduğunu kabul ediyordu. Fakat sahada geçireceği her dakika için yoğun bir istek ve heyecan duyuyor, bu fırsatları yeteneklerini sergilemek için birer şans olarak görüyordu.

Prag'da maç kadrosu açıklandığında İsmail Kartal'ın hücum hattındaki yaratıcı rol için Dimitris Pelkas'ı tercih ettiği görülmüştü. Arda ilk maçta yaptığı gibi rövanş karşılaşmasında da yedek kulübesinden oyuna dahil olup katkı sağlamayı umuyordu.

Fakat ilk yarıda işler Fenerbahçe için pek de iyi gitmemişti. Sarı-lacivertliler ilk sekiz dakika içerisinde iki gol yemiş, devrenin son dakikalarında ise Mert Hakan

Yandaş'ın golüyle soyunma odasına 2-1 geride girmişti. Devre arasında İsmail Kartal, Arda'nın yanına gidip, "İkinci yarıda seni sahaya süreceğim, önceki maçtan daha erken bir zamanda. Rahat ol ve yeteneklerini sergile. Sana güvenim tam," demişti. Arda da hazır olduğunu belirtmişti.

Maç Türkiye saatiyle 23:00'te başlamıştı ve ilk yarıda hâlâ 16 yaşında olan Arda, ikinci yarıda sahaya adım attığında artık 17 yaşına girmişti. Karşılaşmanın 57. dakikasında etkisiz bir performans sergileyen Pelkas'ın yerine oyuna dâhil olmuştu. Artık sahada da büyümeli ve takımının bir üst tura çıkabilmesi için elinden gelenin en iyisini yapmalıydı.

Ancak altı dakika sonra Slavia Prag, hızlı bir hücum sonucunda golü bularak skoru 3-1'e taşıdı; Yira Sor kendisinin ikinci, takımının üçüncü golünü atmıştı. Artık Fenerbahçe'nin turu uzatmak için üç, kazanmak içinse dört gole ihtiyacı vardı.

Arda topla buluştuğu her an etkiliydi. 80. dakikada Bright Osayi-Samuel'in sol kanattan içeri çevirdiği topa ön direkte vurarak gole yaklaşmıştı fakat Slavia'nın dikkatli savunması tehlikeyi son anda savuşturmuştu.

90. dakikadaysa maça gelen bütün taraftarları ve ekran başındaki seyircileri büyüleyecek bir an yaşanacaktı.

Enner Valencia'nın pasıyla ceza yayı üzerinde topla buluştu; sırtı kaleye dönükken Ondřej Lingr'i etkileyici bir vücut çalımıyla ekarte etti. Ancak yolunda üç rakip daha vardı. Mërgim Berisha'ya pas verecekmiş gibi yaparken Slavia kaptanı Taras Kacharaba'ya da harikulade bir çalım attı. Kacharaba, Arda'yı ceza sahasının sağ çaprazında son çizgiye kadar sıkıştırdı. Açısı oldukça daralmıştı ve Oscar Dorley de kaptanıyla birlikte onu sıkıştırmak için gelmişti. Artık çıkış yolu kapalı gibi görünüyordu; elbette normal bir oyuncu için. Ancak karşılarında normal bir oyuncu yoktu.

Arda bu kritik anda gerçek yeteneğini göstermişti. Topu sol ayağıyla hafifçe dürtüp hemen ardından sağ ayağıyla içe doğru çekerek Dorley ve Kacharaba'nın arasından aniden sıyrılmıştı. İki rakip oyuncu Arda'nın yarattığı bu büyülü anın şokunu yaşarken Arda fırsatı değerlendirmiş ve kaleye sert bir şut çekmişti. Kaleci Ales Mandous topu çelmeyi başarmış olsa da pozisyonu iyi takip eden Mërgim Berisha gelen topu tamamlayarak skoru 3-2 yapmıştı. Fark yeniden bire inmiş, Arda'nın bu harika oyunu sayesinde Fenerbahçe için umut ışığı yanmıştı.

Berisha, golü tamamladıktan sonra topu hızla orta yuvarlağa taşırken Arda takım arkadaşlarının coşku dolu tebriklerini kabul ediyordu. Zaman hızla tükeniyordu ve Fenerbahçe'nin avansı yakalamak için iki gole daha ihtiyacı vardı. Ancak beklenen mucize yaşanmadı; sarı-lacivertliler İstanbul'daki maçta olduğu gibi Prag'da da 3-2 yenilerek Avrupa Konferans Ligi'ne veda etmek zorunda kaldılar.

Fenerbahçe'nin bu turda elde ettiği tek kazanç şüphesiz ki Arda olmuştu. Her iki maçta da yedekten gelip etkili bir performans sergileyerek tüm gözleri üzerine çevirmişti.

Yaptığı dört driplingin üçünde başarılı olmuş ve yedi ikili mücadeleye girdiğinde dört kez rakibini geçmeyi başarmıştı. Bunlar sadece yetenekli bir genç oyuncu olduğunu değil, aynı zamanda fiziksel açıdan da oldukça gelişmiş olduğunu gösteriyordu. Rakipleri ondan yaşça büyük olsa da mücadele gücü sayesinde kendisini sahada var etmeyi başarmıştı. Elbette daha fazla güçlenmesi gerekiyordu ama yine de artık çocuk muamelesi görmemeliydi.

Nitekim İsmail Kartal da bu potansiyeli görmüş olacak ki sonraki lig maçı Kasımpaşa deplasmanında onu ilk 11'de sahaya sürdü. Sezon boyunca da sürekli olarak forma şansı verdi.

Artık Fenerbahçe'nin yeni bir gerçeği vardı: Arda Güler. Bu gerçeği görmemek ya da ona sırt çevirmek artık kimse için mümkün değildi.

25

9

BİR MAÇTA İKİ REKOR

Kasım 2022,
Marshal Jozef Pilsudski Stadyumu, Krakow, Polonya
UEFA Avrupa Ligi Grup Maçı,
Dinamo Kiev-Fenerbahçe

Arda o sezon Süper Lig'de beklediği süreleri alamıyordu. Teknik Direktör Jorge Jesus'un bu tercihi medya tarafından sıkça eleştiriliyordu. Hatta iyi sonuçlar alınan maçların ardından bile, "Arda neden oynatılmıyor?" soruları havada kalıyordu. Jesus bu sorulara karşılık genellikle, "Arda fiziksel olarak henüz hazır değil," şeklinde yanıt veriyordu.

Genç yıldız teknik direktörün tercihlerine saygılıydı. Sahaya çıkmak istemesine rağmen şu an için az süre almasını problem olarak görmüyordu. Özellikle Jesus'un antrenmanlarda kendisiyle birebir ilgileniyor olması onu mutlu ediyor ve gururlandırıyordu. Deneyimli teknik adam, her antrenmanda Arda'ya sahada nelere dikkat etmesi gerektiğini detaylı bir şekilde anlatıyordu. Bireysel gelişimine büyük önem veren Arda, bu talimatları dikkatle dinleyip uygulamaya özen gösteriyordu. Sadece antrenmanlarda değil, antrenman sonralarında da kendi başına çalışmalarını sürdürüyordu. Yetenekleri onu çok yükseklere taşıyabilirdi ancak o en iyi versiyonu olabilmek için acele ediyordu.

Avrupa sahneleri ise Arda için kendini gösterme fırsatı sunuyordu. Teknik Direktör Jorge Jesus, Süper Lig'de genç oyuncuya pek fazla süre vermese de bu eksikliği Avrupa Ligi'nde daha fazla şans vererek dengelemeye çalışıyordu.

Nihayet Dinamo Kiev deplasmanı gelip çatmıştı işte ve bu, Fenerbahçe için sezonun en kritik maçlarından biriydi. İki takım arasında geçmişte yaşanan rekabet, bu maçı daha da özel kılıyordu. Özellikle Ukrayna ekibi, yaz aylarında Fenerbahçe'yi Şampiyonlar Ligi ön elemelerinde saf dışı bırakmıştı. Dolayısıyla bu karşılaşma bir nevi rövanş niteliği taşıyordu.

Rennes ile aynı puanda olmaları ve bu maçı kazanmaları hâlinde grubu lider tamamlayacakları da cabasıydı. Grubu lider tamamlamak, Fenerbahçe'nin bir sonraki turu oynamadan son 16 turuna direkt yükselmesi anlamına gelmekteydi. Bu bağlamda Dinamo'yu yenmeleri büyük bir önem taşıyordu.

Böyle kritik bir maçın eşiğinde, son antrenmanda Jorge Jesus'un Arda'ya dönüp, "Yarın 11'de olacaksın. Kendini bu maça zihinsel olarak hazırlamanı ve sahada en iyini ortaya koymanı istiyorum. Sana olan güvenim tam," demesi, maçı Arda için de çok önemli bir hâle getirmişti. Arda da hocasına, "Merak etmeyin, sizi mahcup etmemek için elimden gelenin en iyisini yapacağım," yanıtını vermişti.

Slovacko ve AEK Larnaca deplasmanlarında da ilk 11'de yer almıştı ve Dinamo Kiev deplasmanında üçüncü kez 11'de sahada olacaktı.

Maçtan önce Brezilyalı ön libero Willian Arão, Arda'nın yanına gelip, "Bu maçta golün var," demesi, motivasyonunu daha da artırmıştı.

"Nereden biliyorsun?" diye sorunca da Arão, "Hissediyorum. Hislerim çok kuvvetlidir, güven bana," cevabını vermişti.

Arda, Arão'ya dönüp, "İnşallah ama sen neden gol atmıyorsun?" diye sorduğunda, Arão ona kendisinin gol atmaya ihtiyacı olmadığını ifade etmişti. Arda da, "Eğer ben bir gol atarsam umarım bir tane de sana attırırım," diyerek Arão'ya teşekkür etmiş ve enerjisini maça odaklamıştı.

Arda maça alışılagelmiş özgüveniyle çıkmıştı. Top onun ayağına geldiği an tribünlerde bir hareketlenme oluyordu; Ukraynalı taraftarlar da dahildi buna. Özellikle sol bek Kostyantyn Vivcharenko'ya attığı bacak arası çalım, stadyumu bir anda ayağa kaldırmıştı. Seyirciler böylesine büyülü anları yaşamak için maçlara geliyorlardı ve bu genç 10 numara, onlara aradıkları büyüyü fazlasıyla sunuyordu.

23. dakikada ise Arda için o an gelip çatmıştı. Orta yuvarlağa yakın bir noktada topla buluşan Miguel Crespo, ceza sahasının içindeki Enner Valencia'ya derin bir top yollamıştı. Topa Valencia'nın yanı sıra Dinamo Kiev kalecisi Georgiy Bushchan ve sol stoper Denys Popov da hareketlenmişlerdi. Arda bu karışıklığı lehine çevirebileceğini hemen fark etmişti.

Nitekim öyle de olmuştu.

Uzun topu kapmaya çalışan üç oyuncu birbirine girmiş ve top neredeyse kendiliğinden ceza yayı üzerine, Arda'nın tam önüne doğru hareketlenmişti. Arda'yı ön libero Volodymyr Shepelev markajı altına almıştı ama o, topun yere düşeceği noktayı çok daha önce kestirmiş ve bir vücut çalımıyla kendisini rakibinden kurtarmayı başarmıştı. Şimdi önünde sadece havadan yavaşça düşen top vardı. Peki ne yapacaktı? Zamanı kısıtlıydı ama onun için bu bir problem değildi; çünkü kararını saliseler içinde vermişti bile.

Herkesin beklediği gibi topu kontrol etmek yerine, kalecinin de kalesinden uzakta olduğunu fark ederek sol ayağıyla gelişine yaptığı aşırtma vuruşla topu doğrudan kaleye göndermişti. Ve evet, top ağlara gitmişti!

Arda, golü kadar gol sevincine de hazırlıklıydı. Hemen formasının önünü kaldırarak altında gizlediği "Annecim, seni çok seviyorum!" yazılı tişörtünü kameralara gösterdi.

Bu gol onun için kariyerindeki bir başka gol değildi sadece; bu gol bir oğulun annesine duyduğu sonsuz sevgiyi ve saygıyı da ifade ediyordu. Annesi Serap Güler kalp ameliyatı olmuştu ve biricik oğlu Rennes maçından itibaren her maça o özel tişörtle çıkıyordu. Daha önce gol atma şansı olmamıştı ama işte annesine olan sevgisini gösterebileceği o an nihayet gelmişti. Televizyondan oğlunu gözyaşları içinde izleyen annesi mutluluğun ve gururun doruğundaydı.

Teknik Direktör Jorge Jesus, Arda'nın golünden sonra onu yedek kulübesine çağırarak yanaklarından öpüp, "Mükemmel iş, Arda!" diyerek tebrik etmişti. Brezilyalı ön libero Arão da, "Ben sana ne demiştim!" diyerek Arda'ya sarılıp onu kutlamıştı. Arda'nın golü sadece skoru değiştirmekle kalmamış aynı zamanda herkesin yüreklerine dokunmuştu.

Bu golle birlikte kulüp tarihinde bir rekora da imza atmış ve 17 yıl 251 günle Fenerbahçe formasıyla Avrupa kupalarında gol atan en genç oyuncu olmuştu. Ama bununla yetinmeyecekti.

İlk yarıda attığı golle tüm dikkatleri üzerine çeken

genç yıldız, uzatma dakikalarında da sol kanattan yaptığı mükemmel köşe vuruşuyla yine sahneye çıkmıştı. Ortasına mükemmel bir kafa vuruşu yapan Arão'nun golü, Arda'nın "Benim küçük büyücüm" lakabını sonuna kadar hak ettiğini gösteriyordu.

Bu iki golle Fenerbahçe, Dinamo Kiev karşısında büyük bir avantaj yakalamıştı. Arda'nın Arão'ya asist yapması, maç öncesinde Arão'nun kendisine söyledikleriyle de örtüşüyordu: "Bu maçta golün var," demişti Brezilyalı oyuncu. Arda, Arão'ya doğru koşarken, "Tıpkı maç öncesinde dilediğim gibi oldu, hem ben gol attım hem de sen!" diyerek bu özel anın sevincini paylaşmıştı. Arão'nun yanıtı ise, "Benim küçük büyücüm!" olmuştu.

Bu diyalog saha içindeki uyumlarını ve saygılarını da yansıtıyordu. Arda'nın kariyerindeki bu dönüm noktası sadece kendisi için değil, takımı ve sevdikleri için de son derece anlamlıydı.

64. dakikada yerini Emre Mor'a bırakmak üzere kenara geldiğinde Jesus ona sıkıca sarılmış ve "Sana olan güvenimi boşa çıkarmayacağını biliyordum, tebrikler evlat!" demişti. O da kendisine olan güveni için hocasına teşekkür etmişti.

Bir maçta iki rekor kırmıştı. Ama daha önünde kırılacak onlarca rekor onu bekliyordu.

ANNECİM
SENİ ÇOK
SEVİYORUM

10

KADIKÖY'DEKİ SON MAÇ

Mayıs 2023, Fenerbahçe Şükrü Saracoğlu Stadyumu,
İstanbul, Türkiye
Süper Lig, Fenerbahçe-Antalyaspor

Fenerbahçe ile oynadığı ilk resmî maç olan HJK Helsinki karşılaşmasının üzerinden iki yıl geçmişti. *Zaman nasıl geçti*, diye düşünüyordu. O maçın heyecanı ve gururu hâlâ taptaze bir şekilde zihnindeydi.

Çubuklu formayla ilk asistini iki yıl önce Kadıköy'deki bir Antalyaspor maçında yapmıştı. Şimdi rakip yine Antalyaspor'du. Ligin bitmesine iki hafta kalmıştı. Fenerbahçe'nin şampiyonluk için yarıştığı lider Galatasaray ise Ankaragücü ile deplasmanda karşılaşacaktı ve sarı-kırmızılılar maçı kazandığı takdirde Fenerbahçe maçının sonucunun bir önemi olmaksızın şampiyonluğunu ilân edecekti.

Sezonun ilk yarısında Teknik Direktör Jorge Jesus,

Arda'ya lig maçlarında pek yer vermemiş ancak Avrupa maçlarında genç oyuncuya daha fazla süre tanımıştı. İkinci yarıya gelindiğinde ise lig maçlarında da süresi artmış, böylece kendini daha fazla gösterme fırsatı bulmuştu.

Bu maç aynı zamanda Fenerbahçe için sezonun son iç saha maçı olacaktı. Aslında ligin son haftasında Gaziantep FK ile içerde bir maçları daha olması gerekirdi fakat 6 Şubat'ta yaşanan deprem felaketi nedeniyle Gaziantep FK ligden çekilmiş ve o maç iptal edilmişti. Dolayısıyla bu maçın Arda için özel bir anlamı daha vardı çünkü bu, Kadıköy'de oynayacağı son maçı olabilirdi.

Avrupa'nın pek çok büyük kulübü Arda'nın peşindeydi, bu da genç oyuncunun kulağına geliyordu. Henüz kesin bir karar vermemiş olsa da sezon sonunda Fenerbahçe'den ayrılması olasıydı. Bu nedenle bu maç, onun için Fenerbahçe taraftarlarına bir veda anlamı taşıyabilirdi. O da bu özel maçı kendine yakışır özel bir performansla tamamlamak istiyordu.

Ve maçın sadece 2. dakikasında Arda sahneye çıkmıştı. Kendi yarı sahasında Antalyaspor'un Angolalı orta saha oyuncusu Fredy'nin pasını keserken ortada heyecanlanacak bir şey yoktu fakat birkaç saniye içinde her şey değişecekti.

Önce Fredy'e, ardından Fernando'ya yaptığı şık vücut hareketleriyle rakiplerini çalımlamış, topu rakip yarı sahaya taşımıştı. Tribünler âdeta yerinden fırlamıştı; bu çocuk neler yapıyordu yine böyle? Fakat hâlâ etrafında altı Antalyasporlu futbolcu vardı. Arda kafasını kaldırmış ve Enner Valencia'nın sol kanattan savunma arkasına doğru koşuya başladığını fark etmişti.

Hiç tereddüt etmeden sol ayağının dışıyla o bölgeye mükemmel bir trivela pas göndermişti. Trivela, uzun yıllar Beşiktaş'ta forma giyen Ricardo Quaresma ile özdeşleşmiş bir hareketti. Ancak Quaresma bu tekniği genellikle kaleye şut atarken kullanırken Arda ise bu mükemmel ara pasıyla tüm dikkatleri üzerine çekmişti.

Valencia da böyle bir pasın hakkını vererek topu kaleci Helton Leite'nin üzerinden ağlarla buluşturmuştu. Golü atan Valencia olsa da herkes gözlerini Arda'ya çevirmişti. Bu sadece dünyanın en iyi oyuncularının yapabileceği bir pas türüydü ve Arda, yaptığı bu hareketle o oyunculardan biri olduğunu bir kez daha kanıtlamıştı.

Ekvadorlu forvet bu golle bir sezonda en fazla 28 gol atan Alex de Souza'nın rekorunu geride bırakırken 29 gollü Aykut Kocaman'ın rekorunu ise egale etmişti. Golden sonra Valencia da tıpkı herkes gibi Arda'nın yanına koşmuş ve "Harikasın! Sen en iyisin, şimdiye kadar gördüklerim arasında açık ara en iyisi!" diyerek genç takım arkadaşını kutlamıştı.

Arda sahada kaldığı süre boyunca arkadaşlarına birçok değerli pas daha yollamıştı fakat hiçbiri golle sonuçlanmamıştı. Ancak maç öncesinde içinden geçirdiği gibi Kadıköy'e ve Fenerbahçe taraftarlarına unutulmaz bir performansla veda etmeyi başarmıştı. Maçın bitiminde stadyumda ve evlerde herkesin aklında tek bir soru vardı: Acaba bu akşam tanık olduğumuz büyüyü bir daha görebilecek miyiz?

Arda maç sonunda karmaşık duygular yaşıyordu. Sahaya koyduğu harika performans ve verdiği gol pasıyla takımının galibiyetine katkı sağlamış olmanın mutluluğu içindeydi. Taraftarlara güzel bir veda yapmış olmanın sevinciyle de gurur doluydu. Ancak bu muhtemelen Kadıköy'deki son maçı olabileceği için bir yandan da içini kocaman bir hüzün kaplamıştı. Üstüne bir de Galatasaray'ın Ankara'da kazanarak şampiyonluğunu ilan etmesi onun daha da üzülmesine neden olmuştu.

Ligin ikinci yarısında yaşanan kritik puan kayıpları takımı ve Arda'yı derinden etkilemişti. Özellikle derbilerde aldıkları yıkıcı sonuçlar ve beklenmedik beraberlikler, şampiyonluk hayallerini suya düşüren etkenler olmuştu.

"Şampiyonluğu kaybettiğimiz için takım olarak çok üzgünüz," diye ifade etmişti maç sonunda gazetecilere. "Ana hedefimiz şampiyon olmaktı fakat bu hedefe ulaşamamış olmak gerçekten üzücü. Hatalar yaptık, puanlar kaybettik ve maalesef şampiyonluğu Galatasaray'a kaptırdık. Şu an için söyleyebileceğim tek şey bu."

Hatalar... "Futbol bir, hata yapma, hatayı inceleyip ders çıkarma ve gocunmama sürecidir," der Johan Cruyff. Gençken hata yapmak kaçınılmazdır; bu, süregelen öğrenme yolculuğunuzun bir parçasıdır. Hem hayatta hem de futbolda en önemli dersler genellikle başarısızlıklardan çıkarılır. Olan olmuştur; mühim olan ise şu an hangi noktada olduğunuzu ve ne yapabileceğinizi bilmektir. Arda da bu bilinci ve farkındalığı taşıyordu. Bu sezonda yaşadığı hatalardan çok şey öğrenecek ve bu öğrendiklerini aynı hataları tekrar yapmamak için bir fırsat olarak kullanacaktı.

Şimdiyse önünde Fenerbahçe'ye bir kupa kazanarak veda etme şansı vardı. Türkiye Kupası'nda final oynayacaklardı. İki hafta sonra İzmir'de Başakşehir ile kozlarını paylaşacaklardı. Bu maçta neyi varsa ortaya koyacaktı Arda. Fenerbahçe'den bir kupayı havaya kaldırmadan, boynuna bir madalya takmadan ayrılmayı istemiyordu.

AVIS

11

LEFTER'DEN ALEX'E, ALEX'TEN ARDA'YA

Haziran 2023,
Fenerbahçe Dereağzı Lefter Küçükandonyadis Tesisleri,
İstanbul, Türkiye

Yeni sezon hazırlıklarına çok az kalmıştı fakat Arda bireysel antrenmanlarına hiç ara vermemişti. O akşam ailesiyle televizyon izlerken sehpada duran telefonunun ışığı yanıverdi. Hemen telefonu eline aldı ve gözleri aniden parladı: "Nasıl yani?!"

Annesi ve babası hemen heyecanla sordular: "Ne oldu oğlum?"

Arda yüzünde kocaman bir gülümsemeyle, "Alex bana mesaj atmış!" dedi.

Annesi ve babası hemen yanına gelip ona sarıldılar.

"Çok mutlu oldum, annem!"

"Tebrikler, oğlum! Peki ne diyor mesajda?"

"Bu sezon 10 numara mı?" diye sormuştu mesajında

Alex. Arda ise hiç bekletmeden cevap yazmıştı: "İnşallah kaptan! Mesajın beni çok mutlu etti. Umarım bir gün seninle aynı numarayı sırtımda taşıyabilirim ve buna layık olabilirim."

"Buna hiç şüphem yok. Sahip olduğun yeteneklerin hakkı 10 numaralı formayı giymektir. Maçlarını büyük bir ilgi ve hayranlıkla takip ediyorum. Böyle devam et, çok iyi yerlere geleceksin. En yakın zamanda İstanbul'da görüşmek üzere. Sevgiler, Alex."

Alex'in ikinci mesajına hızlıca teşekkür eden Arda'nın ayakları âdeta yerden kesilmişti. Hayattaki en büyük idolünden böyle bir destek mesajı aldığı için artık kendini her zamankinden daha özgüvenli hissediyordu. Sanki artık bu dünyada yapamayacağı hiçbir şey yok gibiydi.

Gerçekten kısa süre sonra Başkan Ali Koç, Arda'yı yanına çağırarak, "10 numaralı formayı sana vermek istiyoruz. Teknik Direktör Jorge Jesus da buna onay verdi. Sen ne düşünüyorsun, hazır mısın?" diye sormuştu.

Arda tereddüt etmeden yanıt vermişti: "Evet, başkanım, hazırım. Sizlerin bana duyduğu güven için teşekkür ederim. Fenerbahçe'nin 10 numarası olmanın getireceği büyük sorumluluğun tamamen farkındayım. Bu sorumluluğu layıkıyla taşımak için elimden gelenin en iyisini yapacağıma siz de emin olabilirsiniz."

Evet, gerçekten büyük bir sorumluluktu. Kimler kimler giymemişti ki o formayı? Lefter Küçükandonyadis, Can Bartu, Cemil Turan, Selçuk Yula, Oğuz Çetin, Jay-Jay Okocha, Haim Revivo, Tuncay Şanlı, Alex de Souza, Robin van Persie, Mesut Özil... Ve şimdi bu formanın yeni sahibi Arda'ydı.

Bu forma uğruna kavga bile edilmişti. 1991'de Galatasaray'dan Fenerbahçe'ye transferi büyük ses getiren eski gol kralı Tanju Çolak, imza töreninde 10 numaralı formayı giymek istediğini söyleyince o dönem Fenerbahçe'de 10 numaranın sahibi olan Oğuz Çetin ile araları açılmıştı. Oğuz Çetin, 10 numarayı kimseye vermeyeceğini açıklayınca ikili arasındaki gerilim daha da artmış ve Fenerbahçe yönetimi farklı bir yol deneyerek 10 numaralı formayı aynı dönemde transfer edilen Brezilyalı futbolcu Gérson Caçapa'ya vermişti.

Bazılarına ise 10 numaralı forma hiç yaramamıştı. Örneğin 1998 yılında Fenerbahçe'de sadece kısa bir dönem forma giyen Sergen Yalçın. Ya da 2019'da büyük umutlarla transfer edilen fakat sezon sonu maaşını alamadığı gerekçesiyle sözleşmesini tek taraflı fesheden Max Kruse. Ve hemen bir yıl sonra kadroya dahil olan Mbwana Samatta.

Ama Arda onlardan biri olmayacaktı. Tıpkı 10 numaralı formayı teslim alırken Başkan Koç'a söz verdiği gibi sezon boyunca bunun sorumluluğunu çok iyi bilecek ve kendisine şans verildiği her maçta elinden gelenin en iyisini yapacaktı.

Sezonun son maçındaysa Arda'yı büyük bir sürpriz bekliyordu. Türkiye Kupası finali için İzmir'de Başakşehir ile karşı karşıya gelecekleri maç öncesi son antrenmana katılan özel bir misafir vardı. Hem de oldukça ağır bir misafir... Ve bu misafir en çok Arda'yı sevindirecekti.

Antrenman sahasına çıktığında arkasından birinin ona seslendiğini duydu, dönüp baktığında ise gözlerine inanamadı. Alex ve oğlu, ona el sallıyordu. Hemen koştu ve Alex'e sarıldı, ardından oğlu Felipe'yi öptü.

"Sana yakında görüşürüz demiştim, işte geldim," dedi Alex.

"Hoş geldin kaptan!" dedi Arda. "Seni görmek beni nasıl mutlu etti anlatamam."

"Seni benim formamla seyretmesem olmazdı," dedi Alex ve antrenman öncesi koyu bir sohbete koyuldular.

Arda, "Çocukluğumdan beri seni izledim, kaptan. Oyun stillerimiz hatta gol sevinçlerimiz bile benziyor birbirine. Belki de senin görüntülerin hafızama kazındığı içindir," dedi. "Her zaman senin gibi bir futbolcu olmayı hayal etmiştim. Senin attığın gollerde nasıl sevindiğimi, Fenerbahçe'den ayrıldığında nasıl ağladığımı dün gibi hatırlıyorum... Bunlar çok değişik hislerdi."

Arda'nın sözleri geçmişte o formayı giymiş olan

Alex'in yüzünde de bir tebessüm yarattı. Sanki meşale yeni bir nesle, Arda'ya devredilmişti.

Ellerini genç yıldızın omzuna atıp, "Şimdi ben de seni, büyük bir mutluluk ve heyecanla seyrediyorum. Özellikle solak oyuncular hep dikkatimi çekmiştir zaten. Ancak sen farklısın, genç yaşında A takımda yer alman beni ayrıca mutlu ediyor. Potansiyelini net bir şekilde görüyorum. Yoluna aynı şekilde devam etmelisin. Önemli olan mutlulukla ve oyununu keyif alarak sürdürmen. Burada ben güzel anılar biriktirdim, senin daha iyilerini yapabileceğine inanıyorum. Yeter ki bu yolda ilerlemeye devam et," diyerek karşılık verdi.

Arda ise idolüne kendisi hakkındaki bu güzel sözleri için çok teşekkür etti ve ertesi günkü kupa finalini kazanmaları hâlinde ailesiyle birlikte kendisine ithaf edeceğini söyledi. Sözünü de tuttu. Bir hayalini daha gerçekleştirmiş, Fenerbahçe'de sonunda kupa da kaldırmıştı. Şimdi sıra yeni hayallerdeydi. Çok daha büyüklerinde, en büyüklerinde…

"Alex benim çocukluk idolüm.
Umarım onun gibi iyi bir oyuncu olabilirim."

12

"DECO'NUN MÜCEVHERİ"

Temmuz 2023, İstanbul, Türkiye

Barcelona, Real Madrid, PSG, Arsenal, Newcastle United, Milan, Napoli, Borussia Dortmund, RB Leipzig, Sevilla ve Ajax... 2022-23 sezonu bittiğinde hepsi Arda Güler'le ilgileniyordu. Ama ilk ve en ciddi ilgiyi gösteren kulüp Barcelona oldu.

Altı aydır Arda'yı kulübün scout ekiplerine izlettiren sportif direktör Deco, Kulüp Başkanı Joan Laporta'ya, "Sözleşmesinde 17,5 milyon avroluk bir serbest kalma maddesi bulunuyor. Böyle bir yetenek için bu fiyat oldukça uygun, kaçırmamalıyız," şeklinde rapor sunmuştu. Laporta, bahsi geçen oyuncunun gerçekten bu kadar yetenekli olup olmadığını anlamak için görüntülerini izlemiş ve sadece on dakika sonra, "Bu kadarı yeterli, hemen İstanbul'a gidiyorsun. Senden bu transferi bitirmeni istiyorum," demişti.

Buna karşın Barcelona ekonomik sıkıntıları olduğu bir dönemdeydi, bu yüzden Deco'nun işi hiç de kolay değildi. Yine de Laporta'nın talimatı üzerine Fenerbahçe ve Arda ile transfer görüşmeleri yapmak için ertesi gün İstanbul'a gitti.

Deco'nun Ali Koç'a sunduğu teklif, Arda'nın sözleşmesinde belirtilen serbest kalma maddesinin sadece küçük bir kısmını bu yıl, geri kalan büyük kısmını ise önümüzdeki yıl ödemeyi içeriyordu. Bu, Koç için normal şartlar altında kabul edilebilir bir teklif değildi. Zira Arda'nın yeteneği göz önüne alındığında 17,5 milyon avro zaten düşük bir rakamdı; üstelik taksitlerle ödenmesi Fenerbahçe'nin çıkarına olmayacaktı.

Fakat Deco'nun teklifinde Fenerbahçe için bir başka cazip yön daha vardı: Barcelona, Arda'nın bir yıl daha Fenerbahçe'de kalmasını istiyordu.

Bu durum, Ali Koç'un teklifi kabul etmesi için yeterli bir sebep oldu. Arda, Avrupa'da büyük hedeflere ulaşmayı kafasına koymuştu ve bir an önce oraya gitmek istiyordu. Dolayısıyla en azından bir yıl daha Fenerbahçe forması giymesi ve mümkünse bu formayla lig şampiyonluğu yaşaması Koç'un en büyük arzusuydu.

Ayrıca Ali Koç, yıllarca sponsor olarak destek verdiği ve bu sebeple yakın ilişkiler kurduğu Barcelona'nın, Arda için en doğru adres olduğunu oyuncusuna ve ailesine ifade etmişti. Bununla birlikte Arda'nın bir yıl daha Fenerbahçe'de kalmasının genç oyuncunun kendi gelişimi açısından da faydalı olacağına inanıyordu.

Arda ve ailesi için şimdi karar zamanıydı. Elbette Barcelona gibi bir devin ilgisinden onur duymuşlardı ancak Arda'nın Avrupa'ya geçişini bir sezon daha ertelemek konusunda tereddütleri vardı. Diğer yandan birçok Avrupa kulübü de Arda'yla ilgileniyordu. Bu yüzden Barcelona'nın teklifini değerlendirmek için daha fazla zaman istemeye karar verdiler.

Bu süreçte İspanyol medyası da boş durmuyordu. Katalonya'nın önde gelen spor gazetesi *Sport*, transfer haberini "Deco'nun Mücevheri" başlığı altında duyurmuştu. Gazete, Deco'nun Arda'yı tam altı aydır gözlemlediğini ve transfer listesinde en üst sırada olduğunu okuyucularıyla paylaşmıştı.

Barcelona Başkanı Laporta'nın TV3'e yaptığı açıklamalar, transfer sürecine dair önemli ipuçları sunuyordu. "Ekonomik olarak zor bir dönemden geçiyoruz fakat La Liga yönetimi, Finansal Fair-Play kurallarından etkilenmeyecek şekilde bu transferi yapabileceğimizi belirtti," diyerek Barcelona'nın Arda'yı ne kadar ciddiye aldığını vurguluyordu.

Deco'nun ise içi rahat değildi. Arda'nın tekliflerini düşünmek için süre istemesi onda transferi zora sokacağı endişesi yaratıyordu. Bu sebepten dolayı Arda ile tekrar bir araya gelmek istemiş ve ona şunları söylemişti:

"Arda, kesinlikle büyük bir yeteneksin. Seni tam da bu yüzden transfer etmek istiyoruz. Aynı şekilde Avrupa'nın birçok dev kulübünün de seni kadrosuna katmak istediğini biliyoruz. Bu da çok anlaşılır. Ben de yetenekli bir futbolcuydum, senin kadar değil belki ama yetenekliydim. Porto ile Avrupa şampiyonu olmuştuk. Beni de Barcelona ile birlikte birçok büyük kulüp istiyordu. Ancak ben Barcelona'yı tercih ettim ve hiç pişman olmadım. İki kez İspanya, bir kez de Avrupa şampiyonu oldum. Sen de emin ol, Barcelona'ya gelirsen pişman olmayacaksın. Orası senin gibi özel yeteneklere ve genç oyunculara çok uygun bir oyun kültürü ve ortam sunuyor. Kısa sürede uyum sağlayacağını ve kendini göstereceğini düşünüyorum. Bu nedenle seni Barcelona'ya gelmeye, Johan Cruyff'un ve Lionel Messi'nin yolundan gitmeye davet ediyorum."

Arda, "Cruyff'un yolu ne demek?" diye sorduğunda Deco şöyle yanıtlamıştı: "Bu, futbolun güzel ve hücum odaklı oynanması gerektiği anlamına gelir. Cruyff her zaman, iyi bir oyuncunun topa sadece bir kez dokunup nereye koşacağını bilecek kadar akıllı olması gerektiğini söylerdi. Cruyff'un Barcelona'ya getirdiği Total Futbol felsefesinin merkezinde de bu anlayış yatmaktadır. Ona göre futbol bir gösteri, bir izlence olmalıdır.

Başkalarına göre iyi futbol oynamak için çok koşmak gerekebilir ancak Cruyff'un görüşü tam tersidir. Çok fazla koşmamak gerektiğini savunur. Futbolun zekâyla oynanan bir oyun olduğuna inanır. Yani doğru yerde, doğru zamanda olmanız gerektiğini vurgular. İşte Barcelona'da sana tam da bunları öğreteceğiz. Şu an sahip olduğun inanılmaz yeteneklerle ne yapman gerektiğini öğrenirken bu eşsiz yeteneklerini en iyi şekilde kullanacaksın."

Arda, Deco'nun bu içten ve etkileyici sözlerinden oldukça etkilenmişti. "Teşekkür ederim, bu benim için çok önemli," dedi. "Ancak bir karar vermeden önce biraz daha düşünmem gerekiyor."

Deco, "Anlıyorum," diyerek yanıtladı. "O zaman en kısa sürede iyi haberlerini almayı umuyoruz. Barcelona'da görüşmek dileğiyle."

Ardından Deco, bu gelişmeleri Başkan Laporta'ya iletmiş ve Barselona'ya dönüş yapmıştı. Ancak o İstanbul'dan ayrıldıktan sonra korktuğu şey başına gelmiş, ezelî rakip Real Madrid, Arda'nın transferi için resmî olarak sahneye çıkmıştı.

Barcelona'dan zaman isteyen Arda, Madrid ekibinden böyle bir şey istemeyecekti. Çünkü Real Madrid, Barcelona'nın aksine onu gelecek sene değil, hemen istiyordu. Bunun için de gerekirse sözleşmesinde yazan serbest kalma bedelinden daha fazlasını ödemeye hazırlardı. Dolayısıyla Arda için düşünecek çok bir şey kalmamıştı.

Deco onu Cruyff ve Messi'nin yolundan yürümeye davet etmişti ama o Zinedine Zidane ve Cristiano Ronaldo'nun izinden gitmeye karar vermişti.

13

ANCELOTTI'NİN PRENSİ

Temmuz 2023, Madrid, İspanya

Florentino Perez'in bir önceki başkanlığında "Los Galacticos" takma adını alan Real Madrid, Luis Figo, Zinedine Zidane, Cristiano Ronaldo, David Beckham, Michael Owen, Roberto Carlos, Raul Gonzalez, Guti Hernandez gibi yıldızları kadrosunda toplamıştı. 2000'lerin başında bu oyuncular dünyanın en yetenekli, en şöhretli ve en pahalı oyuncularıydı.

Yakın zamana kadar da Real Madrid, genç oyuncuların fırsat bulmaları ve gelişmeleri için ideal bir yer değildi. Nitekim, iki büyük potansiyel Martin Ødegaard ve Takefusa Kubo, Madrid ekibinde bulamadıkları fırsatı ve ortamı, Real Sociedad'da bulabilmişlerdi ve kendilerini orada gösterebilmişlerdi.

Ancak bu durum son yıllarda değişmişti. Mesela 18 yaşında Real Madrid'e katılan Vinícius Júnior ve Rodrygo, kısa süre içinde takımda önemli roller üstlenmeye başlamış, 2021-22 sezonunda ise Şampiyonlar Ligi'nin kazanılmasında büyük bir rol oynamışlardı. Bu da Real Madrid'deki değişimi somut bir şekilde gözler önüne seriyordu.

Elbette yine dünyanın en yetenekli oyuncularını gözünü kestiren bir Real vardı. Fakat yirmi yıl öncesiyle arada önemli bir fark bulunuyordu. Perez'in ilk başkanlık döneminde hâlihazırda en büyük oyuncuları kadrosuna katan eflatun-beyazlılar, şimdiyse günün birinde en büyük olabilecek potansiyele sahip oyunculara yöneliyordu.

Luka Modric ve Toni Kroos gibi artık kulübün efsaneleri arasına ismini yazdırmış iki büyük futbolcuya sahiplerdi. Bu iki oyuncunun etrafına yüksek potansiyelli genç oyuncuları serpiştirmek ise kulübün genel sportif stratejisi hâlini almıştı. Son altı yıl içinde kadroya katılan Vinícius Júnior, Rodrygo, Eduardo Camavinga, Aurélien Tchouaméni ve Jude Bellingham bu stratejinin parçalarıydı.

Bu genç yeteneklerin kulübe katılmasında büyük pay sahibi olan isim, kulübün oyuncu izleme şefi Juni Calafat'tı. Calafat'ın radarındaki son isim ise Fenerbahçe'nin 10 numarası Arda Güler'di.

Arda'nın bir süredir Barcelona ile görüşmeler yaptığı biliniyordu. Ancak Real Madrid'in başkanı Florentino Perez, ezelî rakiplerinin içinde bulundukları ekonomik buhranın farkındaydı. Perez, bu avantajı kullanarak Barcelona'nın sonuçlandıramadığı transfer işlemini çok daha hızlı bir şekilde tamamlayabileceğine inanıyordu. Nitekim öyle olmuş ve yalnızca bir gün içinde Arda kendisini Real Madrid'e bağlayan imzayı atmayı kabul etmişti.

Elbette Arda'nın Real Madrid'de işi kolay olmayacaktı. Takımda Federico Valverde, Camavinga, Tchouaméni, Bellingham, Dani Ceballos ve hatta Modric ile Kroos gibi deneyimli oyuncuların bulunması, orta sahada büyük bir yük oluşturuyordu.

Bu durum Arda'nın Real Madrid'de süre alıp alamayacağı konusunda kafasında bazı soru işaretleri yaratmıştı. Ancak Teknik Direktör Carlo Ancelotti'yle yaptığı kısa bir telefon görüşmesi, bu soru işaretlerini kolaylıkla dağıtmıştı.

Calafat, Arda'nın yeteneklerini gösteren analiz videosunu Ancelotti'ye izletmiş ve İtalyan teknik direktör hemen ikna olmuştu. Telefonda Arda'ya onu kadrosunda görmek istediğini net bir şekilde ifade etmişti. Ayrıca Arda'nın orta sahadaki deneyimli isimlerle doğrudan rekabet etmek zorunda kalmayacağını, aksine onu Brahim Diaz ile dönüşümlü olarak 10 numarada oynatmayı planladığını belirtmişti.

Ancelotti, yıldız forvet Karim Benzema'nın Suudi

ekibi Al Ittihad'a transfer olmasının ardından onun yerini doldurabilecek bir oyuncu bulamayınca taktiksel bir değişiklik yapmaya karar vermişti. Artık 4-3-3 formasyonu yerine Milan günlerinde de büyük başarılara imza attığı 4-3-1-2 düzenine dönüş yapmayı planlıyordu.

Milan'da da elinde çok sayıda yetenekli orta saha oyuncusu bulunuyordu; Clarence Seedorf, Andrea Pirlo, Rui Costa, Kaka... Aynı zamanda Andriy Shevchenko ve Filippo Inzaghi gibi etkili santrforlara da sahipken hangi dizilişte sahaya çıkması gerektiği konusunda onun için zor bir karar olmamıştı.

Real Madrid'de de aynı şekilde çok sayıda yetenekli orta saha oyuncusuna sahipti ve hepsine oynama süresi vermesi gerektiğini çok iyi biliyordu. Buna karşın Benzema'nın yerini dolduracak büyük bir santrfor bulamamış olabilirlerdi ancak Vinícius ve Rodrygo gibi iki hızlı forvetleri vardı. İkisini ileride birlikte oynatıp arkasına dört merkez orta saha oyuncusu yerleştirebilirdi.

"10 numara olarak aklımdaki ilk isim de sensin," demişti Ancelotti, Arda'ya telefonda.

Bunu işittikten sonra Arda'nın kafasındaki tüm soru işaretleri dağılıp gitmişti. Futbol tarihinin en önemli teknik direktörlerinden biri, dünyanın en büyük futbol kulüplerinden birine onu davet ediyordu. Böyle bir teklifi nasıl reddedebilirdi ki?

Yine de Ancelotti telefonu kapatmadan önce son bir teyit almayı ihmal etmemiş ve "Bana söz ver, geleceksin!" demişti.

Arda ise Ancelotti'ye, "Söz veriyorum, hem sizinle çalışmak hem de Real Madrid'de oynamak benim için büyük bir onur olacak," yanıtını vermişti.

Ardından ailesiyle ve kulübüyle toplantı yapmış, "Ancelotti beni takımda nasıl ve nerede kullanabileceğini detaylı bir şekilde anlattı. Bu benim için çok önemli. Saygı duyduğum biri o. Zaten Real Madrid her zaman oynamak istediğim, dünyanın en büyük kulübü. Gitmek istediğim yer orası. Ben onlarla anlaştım, sizin de anlaşmanızı istiyorum," demişti.

Bunun üzerine Fenerbahçe'nin başkanı Ali Koç'un söyleyecek bir şeyi kalmamıştı: "Başarılar Arda. Bizi orada en iyi şekilde temsil edeceğine eminim."

Arda'nın Madrid'de geçirdiği ilk 24 saat, kulübün büyüklüğünü kendi gözleriyle görmesi için yeterli olmuştu. Kulübün yeni bir transferi nasıl ağırladığını, Başkan Florentino Perez'in liderliğinde ilk elden deneyimlemişti. Yoğun ve heyecan dolu bir imza töreniyle Real Madrid serüvenine başlamış, dünya çapında bir kulüpte yer almanın ne anlama geldiğini hemen hissetmişti.

Buna rağmen hem imza töreninde hem de sonrasında İspanyol medyasına verdiği röportajlarda, kendi yetenek ve becerilerine ne kadar güvendiğini de açıkça ifade ediyordu. "Evet, burada kalacağım. Buraya oynamaya geldim. Çalışıp formayı almak istiyorum," diyerek hedeflerini net bir şekilde ortaya koyuyordu. Bu özgüveninde Ancelotti'nin kendisine olan inancının büyük bir payı olduğu aşikârdı. Fakat Arda'nın zaten doğuştan sahip olduğu özgüven, Real Madrid gibi dünya çapında bir kulüpte başarılı olabilmenin belki de en önemli gerekliliklerinden biriydi.

Ve Arda daha ilk günden bu özelliğini herkese göstermişti.

FIFA
2022
7 de julio de 2023
BETTER

14

İLK AMELİYAT

Ağustos 2023, Madrid, İspanya

Arda sezon öncesi hazırlık kampı için takımıyla birlikte ABD'ye gitmişti ve hâlâ Real Madrid'de olduğuna inanmakta güçlük çekiyordu. Bu yüzden gün içerisinde forması üzerindeyken kendisine bakma ihtiyacı hissediyordu. Onun için her şey âdeta bir rüya gibiydi.

Fakat bir anda, temmuz ayının sonunda yaşadığı sakatlıkla bu rüyadan sarsılarak uyanmıştı.

Dizinden sakatlanmıştı. Madrid ekibi, ilk etapta sakatlığı aşırı yüklenmeye bağlamıştı ancak daha sonra yapılan detaylı kontroller menisküs sorununu ortaya çıkarmıştı. Kulüp doktorları ile yapılan toplantı sonrasında ilk tedavi olarak trombosit açısından zengin plazma enjeksiyonu yapılmasına karar verilmişti. Eğer bu tedavi yöntemi sorunu çözmezse ameliyatın kaçınılmaz olduğu belirtilmişti.

Her hâlükârda kulübün sezon öncesi ABD turundan ayrılarak tedavisine devam etmek üzere Madrid'e dönecekti. Arda buna çok üzülmüştü. Çünkü bu kampın hem takıma alışması hem de kendini göstermesi için büyük bir fırsat olduğunu biliyordu. Ayrıca hazırlık maçı da olsa Real Madrid formasını bir maçta giymek için sabırsızlanıyordu. Fakat sakatlığı yüzünden Milan ve Manchester United ile oynanacak hazırlık maçlarında da forma giyemeyecekti.

İspanyol medyasının Arda'nın sakatlığı hakkında sürekli sorular yönelttiği Ancelotti, soğukkanlı bir tutum sergiliyordu. "Ciddi bir sorunu yok. Şu anda konservatif bir tedavinin mi yoksa ameliyatın mı daha uygun bir çözüm olacağını değerlendiriyoruz. Tahminimiz yaklaşık bir ay sahalardan uzak kalması," şeklinde açıklamalar yapıyordu.

Ancak kısa süre sonra enjeksiyon tedavisinin istenen sonuçları vermediği anlaşılınca ve ameliyat olması gerektiği belirtilince Arda'nın morali bozulmuştu. Bu onun futbol kariyerinde geçireceği ilk ameliyat olacaktı ve bu yüzden oldukça gergindi.

Kamptan sürekli doktorları arayıp Arda'nın durumunu soran Ancelotti, "Biraz üzgün, hayal kırıklığına uğramış durumda," yanıtını alınca o günkü antrenmanın hemen sonrasında Arda ile görüntülü konuşma yapmaya karar vermişti.

"Nasılsın evlat?"

"Biraz üzgünüm ama iyi olacağım," demişti Arda.

"Elbette iyi olacaksın. Ameliyat çok iyi geçecek ve en yakın zamanda aramıza döneceksin, hiç endişe etme," demişti Ancelotti, genç oyuncuya moral vererek.

Ancelotti'nin içi gerçekten rahattı çünkü Arda'nın ehil ellere teslim olduğunu biliyordu. Operasyonu gerçekleştirecek cerrah, ünlü Manuel Leyes'ti. Daha önce 2016'da Luka Modrić'i, 2019'da Marco Asensio'yu ve 2021'de Sergio Ramos'u ameliyat etmişti. Hepsinin operasyonları çok başarılı geçmiş ve beklenenden daha kısa sürede sahalara dönmüşlerdi. Ancelotti bu geçmiş başarıları düşünerek Arda'nın da en kısa sürede iyileşeceğine inanıyordu.

"Senin de öyle olacak," dedi.

Ama Arda'nın yüzündeki endişenin yine de silinmediğini görünce ona kendi geçmişinden bir öyküyü anlatmaya koyuldu.

"Yaşın gereği ne kadar biliyorsundur emin değilim, ben fena bir futbolcu sayılmazdım. Yıllarca Roma, Milan ve İtalya Millî Takımı'nda forma giymiştim. Teknik ve zeki bir oyuncuydum. Tıpkı senin gibi. Buna karşın futbol hayatım boyunca sakatlıklarla başım hep belada oldu. En büyük başarılarımı yaşadığım Milan'a transfer olmadan önce Roma'da üç menisküs ve iki çapraz bağ ameliyatı geçirmiştim. Milan'ın o zamanki başkanı Silvio Berlusconi de bunu bildiğinden dolayı benim transferime sıcak bakmıyordu. Bunun üzerine o zaman Milan'ın başına yeni geçen Teknik Direktör Arrigo Sacchi, sezon öncesi St. Moritz'ten ona bir telefon ederek, 'Carlo'nun sakatlığı kafasından olsaydı o zaman ben de senin gibi endişelenirdim ama neyse ki sadece bacaklarından sakat. Bunun için şanslıyız. Çünkü benim orta sahada bir beyine ihtiyacım var. Eğer onu benim için transfer edersen ligi kesinlikle kazanırım,' demiş."

Arda, hocasının hikâyesini dikkatle dinliyordu. "Sonra ne oldu?" diye sordu.

"Onu ikna etmişti," diye yanıtladı Ancelotti. "Sonuç olarak Milan'a transfer oldum. Sacchi'nin de dediği gibi ligi kazandık. İkinci sezondan itibaren ardı ardına iki yıl Avrupa şampiyonu olduk. O takımın beyni bendim. Bizim takımın da beyni sen olacaksın. Sakatlığın yüzünden endişelenme. Futbol kariyerin daha yeni başlıyor ve sakatlıklar bu işin doğasında var. Bundan sonra da sakatlıklar gelecek başına. Ama sen hepsinin üstesinden geleceksin. Neden biliyor musun?"

"Neden?" diye sordu Arda.

"Çünkü sen kendini futbola adamış yetenekli bir gençsin," diye yanıtladı Ancelotti. "İlk antrenmanda gözlerine baktığımda bunu anladım. Hem bu kadar yetenekli hem de böylesine adanmış bir insanın işinde başarılı olamama ihtimali yoktur."

Arda'nın günlerdir süren endişesi ve üzüntüsü, Ancelotti'nin bu sözleriyle bir anda yok olmuştu. Transfer sürecinde nasıl kolayca ikna ettiyse şimdi de hemen içini rahatlatmıştı.

Ancelotti'nin insan ilişkileri ve ikna kabiliyeti konusunda ne kadar yetenekli bir teknik direktör olduğunu daha önce duymuştu ama şimdi bu yeteneklerini bizzat deneyimliyordu. Henüz 18 yaşında böyle bir usta ile çalışmanın verdiği mutluluğu ve şansı derinden hissediyordu.

Arda'nın telefonu, Ancelotti ile görüşmesinin hemen ardından bir kez daha çaldı. Bu sefer arayan Luka Modric'ti.

"Hey! Madrid'de neler yapıyorsun bakalım?"

"En iyi şekilde tedavi olmaya çalışıyorum ama aklım hep sizde. Keşke orada olsaydım."

"Endişelenme, en yakın zamanda aramıza döneceksin. Sana ihtiyacımız var," dedi Modric.

Modric de Ancelotti gibi Arda'yı rahatlatmak için aramıştı. Real Madrid'e transferi sürecinde onun da büyük bir payı vardı. Görüşmeler sırasında Arda'yı telefonla arayıp, "Ben gelecek sene jübile yapacağım ve 10 numaramı sana bırakmak istiyorum," diyerek Arda'yı onurlandırmış ve bu sözleri onun Real'e gelmesinde önemli etkenlerden biri olmuştu.

"Kariyerim boyunca kaç defa sakatlandım, biliyor musun?" diye sordu Modric. "Tam otuz kez! İlk sakatlığım da seninki gibi bir diz sakatlığıydı. Ama hepsini atlatmayı bildim. Sen de atlatacaksın. Çünkü sen de benim gibi mücadeleci bir adamsın. Hiçbir sakatlığa pabuç bırakmazsın."

Arda'ya Real Madrid'in bir sonraki Modric'i gözüyle bakılıyordu. Modric de bu genel görüşe katılıyordu. Arda'ya karşı ilk defa Mart 2023'teki Avrupa Şampiyonası elemelerinde, Bursa'da gerçekleşen ve Türkiye'ye karşı 2-0 kazandıkları maçta oynamıştı. Genç yıldız o maçta oyuna sonradan girmiş olmasına rağmen yeteneklerini kısa sürede gösterebilmişti. Modric, Arda'nın Avrupa'ya damgasını vurabilecek bir yetenek olduğunu o maçta anlamıştı.

Arda, Real Madrid'e transfer olduğundan bu yanaysa Modric, onun sadece takım arkadaşı ve kaptanı değil, aynı zamanda mentörü de olmuştu. Antrenmanlarda sürekli olarak onunla özel ilgileniyor ve takıma hızlı bir uyum sağlaması için yardımcı oluyordu. Bu kısa telefon görüşmesi, tıpkı birkaç dakika önce Ancelotti ile yaptığı konuşma gibi Arda'nın üzerinde oldukça olumlu bir etki yaratmıştı.

Şimdi daha iyiydi. Bu iki önemli isim sayesinde hemen kendisini toplamış ve en kısa sürede sahalara dönmenin planlarını yapmaya koyulmuştu. Real Madrid'e transfer olmak yetmezdi. Bu kulübün tarihine geçmek istiyordu.

Bunun için de her şeyi yapmaya hazırdı.

"Küçük kardeşlerime tavsiyem,
her zaman çalışmaya devam etsinler.
Bazen hayatta zor zamanlarınız olabilir.
Hayallerinize olan inançlarınız azabilir ama
çok çalışmaya devam ederseniz
o günler mutlaka gelir."

Emirates
BETTER

KULÜP BAŞARILARI

Fenerbahçe

- 2022-23 Türkiye Kupası

BİREYSEL BAŞARILAR

- 2020-21 Mladen Ramjlak Futbol Turnuvası En Değerli Oyuncu Ödülü
- 2020-21 Süper Lig U-19 Play-Off Gol Kralı
- 2021-22 En İyi Çıkış Yapan Sporcu
- 2022-23 Türkiye Kupası Finali Maçın Adamı
- 17 yıl 251 günle Avrupa kupalarında gol atan en genç oyuncu
- Türkiye'nin resmî maçlarda gol atan en genç oyuncusu

FUTBOLLA NE KADAR İLGİLİSİN?

1. Hangi takımı tutuyorsun?

....

2. Yurt dışında en başarılı bulduğun takım hangisi?

....

3. Eğer futbolcu olsaydın hangi numaralı formayı giymek isterdin?

....

4. Hangi takımda oynamak isterdin?

....

5. En başarılı bulduğun ve hayran olduğun futbolcular kimler?

....

6. Okulunun futbol takımında oynuyor musun?

....

7. Futbol dışında başka bir spor dalıyla ilgileniyor musun? İlgileniyorsan hangisi?

....

8. Futbol senin için yalnızca hobi mi yoksa bu alanda profesyonel mi olmak istiyorsun?

....

9. İyi bir futbolcu olduğunu düşünüyor musun?

....

10. Günde/haftada kaç saat antrenman yapıyorsun?

....

ARDA GÜLER'İ NE KADAR TANIYORSUN?

1. Küçüklüğünden beri hayran olduğu ünlü futbolcu kimdir?

....

2. İlk top toplayıcı olarak hangi maçta görev almıştır?

....

3. Gençlerbirliği altyapısındayken hangi takıma karşı oynarken keşfedilmiştir?

....

4. Fenerbahçe'ye transfer edildiğinde kaç yaşındadır?

....

5. Fenerbahçe A takımı kadrosuna üçüncü kez seçildiği karşılaşma hangisidir?

....

6. İlk asistini de yaptığı Slavia Prag'a karşı oynadıkları karşılaşmanın sonucu nedir?

....

7. Dinamo Kiev ile oynadıkları maçta Fenerbahçe kulüp tarihinde hangi rekora imza atmıştır?

....

8. Kadıköy'de gerçekleşen son maçta hangi futbolcuyla özdeşleşmiş bir pas tekniği kullanmıştır?

....

9. İdolü olan futbolcu hangi kupa öncesindeki antrenmanını ziyaret ederek ona sürpriz yapmıştır?

....

10. İlk defa A Millî Takım formasıyla ilk 11'de oynadığında rakip ülke kimdir?

....

11. Avrupa kulüplerinden hangisi transfer için ilk atılımı yapmıştır?

....

12. Real Madrid'e transferi için Arda'yı radarına alan isim kimdir?

....

13. Arda'nın Real Madrid'de dönüşümlü olarak 10 numarayı paylaşacağı futbolcu kimdir?

....

14. Transferi sonrasında ilk sakatlığını ne zaman ve nerede yaşamıştır?

....

15. Real Madrid'e transferinde de etkin rol oynayan ve son süreçte büyük destek sağlayan takım arkadaşı kimdir?

....

Cevaplar son sayfada!

SÖZLÜK

Hat-trick: Bir futbolcunun bir maçta üç gol atmasına denir. Kelimenin anlamı etimolojik olarak Viktorya Dönemi'ne kadar uzanır. Bu tabir ilk olarak o dönemdeki sihirbazların şapkalarından üç adet tavşan çıkarma numarasını ifade ediyordu. 1858 yılında ilk kez H. H. Stephenson adlı bir sporcu için kullanılmıştır. Yazılı spor tarihine geçmesi 1878'i bulmuştur.

Stefan Kuntz: Alman eski profesyonel futbolcu ve futbol antrenörü. 30 Ekim 1962 tarihinde Neunkirchen, Batı Almanya'da doğmuştur. Futbolculuk kariyerinde çeşitli Alman kulüplerinde forvet pozisyonunda oynamıştır. Futbolculuk kariyerinin ardından antrenörlüğe adım atmıştır. Çeşitli kulüp ve millî takım düzeylerinde görev yapmış, genellikle genç millî takımlarla çalışmıştır. 19 Eylül 2021'de Türkiye millî futbol takımının başına geçmiştir ve 20 Eylül 2023 tarihine kadar görevini sürdürmüştür.

Alex de Souza: Brezilyalı eski profesyonel futbolcu. 14 Eylül 1977 tarihinde Curitiba, Brezilya'da doğmuştur. Orta saha pozisyonunda görev yapmış olan Alex, özellikle serbest vuruş ve oyun görüşü yetenekleriyle tanınır. Brezilya'nın dışındaki kariyerinin büyük bir kısmını Fenerbahçe kulübünde geçirmiştir. 2004 yılında Fenerbahçe'ye transfer olmuş ve 2012 yılına kadar bu kulüpte forma giymiştir. Fenerbahçe'de oldukça başarılı bir dönem geçiren Alex, Süper Lig'de üç şampiyonluk, Türkiye Kupası ve Türkiye Süper Kupa zaferleri yaşamıştır. Ayrıca Fenerbahçe'nin 2007-08 sezonunda UEFA Şampiyonlar Ligi'nde çeyrek finale çıkmasında önemli rol oynamıştır.

İkibuçukluk: Maç sırasında saha dışına çıkan topu hızlı bir şekilde geri getiren çocuk ya da genç bireyleri ifade ederken kullanılan terim. Top toplayıcılar, oyunun hızını kesintiye uğramadan devam etmesini sağlamak için görev yaparlar. Oyundan çıkan topları en yakın oyuncuya ya da hakeme hızlı bir şekilde ulaştırmaları beklenir. Profesyonel liglerde genellikle kulüp tarafından seçilir ve çoğu zaman genç yaş gruplarından ya da kulübün altyapısından gelen bireylerdir.

Play-off: Sezon sonunda belirli bir amaca ulaşabilmek için düzenlenen eleme usulüne dayalı karşılaşmaları ifade eder. Bu karşılaşmalar, genellikle normal sezonu belirli bir sıralamada tamamlayan takımlar arasında oynanır. Play-off'lar şampiyonu belirlemek, bir üst lige yükselmek ya da bir alt lige düşmekten kurtulmak gibi çeşitli amaçlar için kullanılabilir.

Play-off sistemleri spor dalına, lige ve ülkeye göre değişiklik gösterebilir. Genellikle takımlar tek maçlı veya iki maçlı eleme usulüne göre karşı karşıya gelir. Kazanan takım bir üst tura çıkar, kaybeden ise elenir. Eğer play-off'lar şampiyonu belirlemek için yapılıyorsa genellikle bir final maçı da düzenlenir.

Fortuna Arena: Çek Cumhuriyeti'nin Prag şehrinde bulunan, Slavia takımın ev sahibi olduğu 19.370 kişilik stadyumdur.

Marshal Jozef Pilsudski Stadyumu: Polonya'nın Krakov şehrinde bulunan 15.016 kişilik stadyumdur. 1906 yılında inşa edilmiş olup Cracovia takımına ev sahipliği yapmaktadır.

Trivela: Bir futbolcunun topa dış ayağı ile dıştan içe doğru (yani ayağının dış kısmıyla) vurarak yaptığı özel bir şut veya pas tekniğidir. Bu tekniği kullanarak futbolcu, topa alışılmadık bir yörünge ve dönüş kazandırabilir. Trivela genellikle topa yüksek bir isabet oranı ve kontrol sağlar. Bu tür şutlar ve paslar genellikle maçta beklenmedik anlar oluşturur ve savunmayı şaşırtabilir çünkü futbolcunun ayağının dış kısmıyla böylesine kontrollü bir şekilde topa vurabilmesi oldukça zordur. Bu teknik, yüksek bir yetenek seviyesi ve topa hakimiyet gerektirir. Özellikle kanat oyuncuları ve ofansif orta saha oyuncuları tarafından kullanılır fakat herhangi bir pozisyondaki yetenekli bir futbolcu tarafından da icra edilebilir.

Johan Cruyff: Hollandalı efsanevi futbolcu ve teknik direktör. Tam adı Hendrik Johannes Cruijff olan Cruyff, 25 Nisan 1947 tarihinde Amsterdam, Hollanda'da doğmuş ve 24 Mart 2016 tarihinde Barselona, İspanya'da vefat etmiştir. Cruyff, futbol tarihinin en etkili ve yenilikçi figürlerinden biri olarak kabul edilir. Oyuncu olarak kariyerine Ajax Amsterdam'da başlayan Cruyff, burada yerel ve uluslararası birçok başarıya imza atmıştır. 1971, 1972 ve 1973 yıllarında UEFA Şampiyonlar Ligi kupasını kazanmıştır. 1973 yılında Barcelona'ya transfer olmuş ve bu kulüpte de büyük başarılara ulaşmıştır. Oyuncu olarak toplamda üç kez Ballon d'Or ödülü kazanmıştır. Teknik direktör olarak da büyük başarılara imza atan Cruyff, özellikle Barcelona'nın başında "Dream Team" olarak bilinen takımı yaratmış ve 1992 yılında UEFA Şampiyonlar Ligi'ni kazanmıştır. Aynı zamanda modern futbolun gelişimine "Total Football" (Toplam Futbol) felsefesiyle büyük katkı sağlamıştır.

Cruyff'un futbol anlayışı ve felsefesi hem oyuncu hem de teknik direktör olarak futbol dünyasına derin etkiler yapmış ve onun etkisi günümüz futboluna da yansımaktadır.

Menisküs: Diz ekleminde bulunan, C şeklindeki fibrokartilaj dokudan oluşan bir yapıdır. İki menisküs bulunur: Medial (iç) menisküs ve lateral (dış) menisküs. Menisküsler, diz kapağı uyluk kemiği ve kaval kemiği arasında yer alır. Ana işlevleri, diz ekleminde yük dağılımını sağlamak, stabiliteyi artırmak ve eklem yüzeylerini korumaktır. Özellikle koşu, zıplama veya ani yön değişiklikleri gibi aktiviteler sırasında önemli bir role sahiptir. Bu tür hareketler, diz eklemindeki basıncı artırır ve menisküsler bu basınca karşı bir amortisör görevi görerek eklem yüzeylerini korur ve aşınmayı önler. Menisküs yaralanmaları, spor aktiviteleri sırasında veya yaşa bağlı dejenerasyon sonucu meydana gelebilir. Yaralanmalar genellikle ağrı, şişlik ve hareket kısıtlılığına yol açar. Tedavi, yaralanmanın şiddetine ve tipine bağlı olarak değişiklik gösterir ve fizik tedavi, ilaç tedavisi veya cerrahi müdahaleyi içerebilir.

Cevaplar

1. Alex de Souza
2. Gençlerbirliği-Trabzonspor
3. Osmanlıspor U14
4. 14
5. Fenerbahçe-HJK Helsinki
6. Slavia Prag 3-2 Fenerbahçe
7. Avrupa kupalarında gol atan en genç oyuncu
8. Ricardo Quaresma
9. Türkiye Kupası
10. Letonya
11. Barcelona
12. Juni Calafat
13. Brahim Diaz
14. Temmuz 2023 - ABD
15. Luka Modric